编委会　中等职业教育旅游类示范院校"十四五"规划教材

总主编

叶娅丽　成都纺织高等专科学校教授
　　　　成都旅游导游协会副会长
　　　　四川教育学会研学实践专业委员会学术专委会秘书长

编　委（排名不分先后）

庄剑梅　成都工程职业技术学校　高级教师
张　力　成都市礼仪职业中学　高级教师
徐永志　成都电子信息学校　一级教师
刘　燕　成都电子信息学校　一级教师
李玉梅　成都电子信息学校　一级教师
廖　蓉　成都市蜀兴职业中学　一级教师
吴志明　四川省会理现代职业技术学校　一级教师
周　艳　南充文化旅游职业学院　讲师
李　桢　四川省宜宾市职业技术学校　一级教师
汪远芳　三台职业技术学校　高级教师
刘斯瑗　富顺职业技术学校　一级教师
任　英　四川省峨眉山市职业技术学校　一级教师
黄克友　青川县职业高级中学　高级教师
王惠全　四川省广元市职业高级中学校　高级教师
王叔杰　四川省南江县小河职业中学　高级教师
林　玲　四川省工业贸易学校　一级教师
舒小朵　成都天府新区职业学校　一级教师

中等职业教育旅游类示范院校"十四五"规划教材

总主编 ◎ 叶娅丽

导游基础知识

Daoyou Jichu Zhishi

主　编 ◎ 刘　燕

副主编 ◎ 熊江黎　李　桢　吴志明　余　晋

参　编 ◎ 胡玉贞　刘　佳　罗宁波

华中科技大学出版社
http://www.hustp.com
中国·武汉

内 容 简 介

　　《导游基础知识》作为中职旅游服务与管理专业的核心课教材,承担着向学生传授旅游工作所需的文化知识、提升旅游从业人员文化素养、构建导游讲解基础知识结构的重任。该教材涵盖导游服务所必备的基本知识,对于从事旅游行业相关工作具有重要意义。该教材由一线中职教师编写,内容选择上更加适应中职学生的学习基础,形式上更适应中职理实一体化教学的需要,可作为中职旅游服务与管理专业的配套教材,同时也适用于旅游行业从业人员入职培训及岗位服务培训。

图书在版编目(CIP)数据

导游基础知识/刘燕主编. —武汉:华中科技大学出版社,2020.8(2025.7重印)
中等职业教育旅游类示范院校"十四五"规划教材
ISBN 978-7-5680-6432-3

Ⅰ.①导…　Ⅱ.①刘…　Ⅲ.①导游-中等专业学校-教材　Ⅳ.①F590.63

中国版本图书馆 CIP 数据核字(2020)第 148567 号

导游基础知识
Daoyou Jichu Zhishi

刘　燕　主编

策划编辑:胡弘扬　李　欢
责任编辑:李　欢　倪　梦
封面设计:原色设计
责任校对:刘　竣
责任监印:周治超
出版发行:华中科技大学出版社(中国·武汉)　　电话:(027)81321913
　　　　　武汉市东湖新技术开发区华工科技园　　邮编:430223
录　　排:华中科技大学惠友文印中心
印　　刷:武汉邮科印务有限公司
开　　本:787mm×1092mm　1/16
印　　张:12
字　　数:270 千字
版　　次:2025 年 7 月第 1 版第 2 次印刷
定　　价:39.80 元

总序
ZONGXU

2019年2月13日,国务院发布了《国家职业教育改革实施方案》,明确指出,坚持以习近平新时代中国特色社会主义思想为指导,把职业教育摆在教育改革创新和经济社会发展中更加突出的位置。优化教育结构,把发展中等职业教育作为普及高中阶段教育和建设中国特色职业教育体系的重要基础。建设一大批校企"双元"合作开发的国家规划教材,倡导使用新型活页式、工作手册式教材并配套开发信息化资源。为了落实《国家职业教育改革实施方案》意见,打造"以职业能力目标为导向,构建基于工作体系的中职课程体系",华中科技大学出版社组织编写了中等职业教育旅游类示范院校"十四五"规划教材。该套教材具有以下几个特点。

1.理念先行,调研在前

本着务实的态度,我们在编写前对全国百余所中职旅游类学校进行了问卷调研,了解各校的专业建设、课程开发及教材使用等情况;举办了中职旅游类教材建设研讨会,对每本大纲进行了研讨和修改,保证了本套教材体例和内容的一致性;采访了中职旅游类专业负责人、一线教师和用人单位,了解了中职教育的现状和存在的问题,明确了教材编写的要求。在经过充分调研的基础上,汇聚一大批全国高水平旅游院校学科带头人,合力编写了该套教材。

2.定位准确,强调职教

职业教育的目的是培养应用型人才和具有一定文化水平和专业知识技能的劳动者,与普通教育相比较,职业教育侧重于实践技能和实际工作能力的培养。本套教材没有盲目照搬普通教育模式,而是根据旅游职教模式自身的特点,突出了旅游工作岗位的实践技能和实际工作能力的培养。

3.立足中职,衔接高职

2014年国务院颁布了《关于加快发展现代职业教育的决定》,明确指出,建立健全课程衔接体系。推进中等和高等职业教育培养目标、专业设置、教学过程等方面的衔接,形成对接紧密、特色鲜明、动态调整的职业教育课程体系。高等职业学校重点是培养服务区域发展的高素质技术技能人才,而本套教材是按照中等职业教育的要求,强化了文化素养,围绕培养德智体美全面发展的高素质劳动者和技能型人才来编写的,重点培养旅游行业的高素质劳动者和技能型人才。

4.对接企业岗位,实用性强

该套教材按照职业教育"课程对接岗位"的要求,优化了教材体系。针对旅游企业的不同岗位,出版了不同的课程教材,如针对景区讲解员岗位出版了《景区讲解技巧》《四川景区讲解技巧实训》等教材;针对旅行社导游出版了《导游基础知识》《导游实务》等教材;针对前厅服务员出版了《前厅服务实训》《旅游服务礼仪》等教材,保证了课程与岗位的对接,符合旅游职业教育的要求。

5.资源配备,搭建教学资源平台

该套教材以建设教学资源数据库为核心,每本书配有图文并茂的课件,习题及参考答案,考题及参考答案,便于教师参考,学生练习和巩固所学知识。

叶娅丽

2020 年 3 月 10 日

前言
QIANYAN

近年来,旅游业发展势头强劲,传统的旅游观念和消费理念发生了极大的变化,复合型导游人才的市场需求广阔。导游是"旅游业的灵魂",是旅游业中最具有代表性的工作;导游员是导游工作的主体,现代旅游业的发展对导游员提出了更高的要求,更加注重导游员的人文素养的建构以及综合素质的培养。随着文旅融合步伐的加快,旅游业态迭代更新,面向全域化、品质化、国际化、智慧化为特征的现代旅游市场,客观上要求导游员必须面对新的环境挑战。

为了更加适应中职教育需要,应华中科技大学出版社之约,我们邀请旅游专业专家及中职高级教师等,按照教育部新颁布的教学标准,编写了这本针对中等职业学校学生的国家规划教材。

本教材在整体内容的选取和编排上,突出实用性、专业性、文化性。

本教材以模块的形式整合内容,用活动的方式体现学习任务。全书一共分为八个项目,分别为导游与导游服务、中国历史文化、中国的宗教文化、中国古代建筑、中国古典园林与古镇古村、中国民族民俗、中国的烹饪流派及风物特产、自然景观。该教材在形式上更加完整生动地展示了教学内容,旨在提升学生的专业文化素养,扩充学生的知识面,搭建一个合理的导游基础知识体系。每一个项目都以实际的工作案例引入,更科学、生动地再现工作场景,从而将理论知识和实践操作联系起来。针对教学内容复杂庞大的特点,本教材还设计了项目小结,对于整个项目的内容进行梳理,让学生的知识体系化。在学用转化上设计了项目训练,既有对知识的巩固,又有对技能的应用,达到学以致用的目的。

本教材由刘燕担任主编,李桢、吴志明、余晋、熊江黎分别担任教材的副主编,负责教材的编撰、统稿和校正。该教材的编写分工如下:项目一由刘燕编写,项目二由胡玉贞编写,项目三由李桢编写,项目四由吴志明编写,项目五、项目六、项目七、项目八分别由刘佳、余晋、熊江黎、罗宁波编写。

本教材在编写过程中借鉴了许多专家、学者的经典理论和著作、文献,并参考了许多网站的资料。同时也听取了许多旅游从业人员、一线导游的意见和建议,在此向相关人员表示衷心感谢。

由于编者水平有限,导游基础知识涵盖范围宽广,书中难免存在疏漏和不妥之处,敬请专家、读者批评指正,以便不断修订完善。

编者
2020 年 1 月

目录
MULU

项目一
导游与导游服务

 项目目标

职业知识目标：

1.导游的概念。

2.导游的产生与发展。

3.导游服务的产生与发展。

4.导游服务在旅游业的地位与作用。

职业能力目标：

1.通过对导游概念的讲述，开阔学生的视野，培养学生纵向思维的能力。

2.通过对导游在旅游业的地位、作用的分析，帮助学生深化对导游的认识，激发他们从事导游工作的兴趣。

3.通过对导游服务发展史的讲述，开阔学生的视野，培养学生纵向思维的能力。

4.通过对导游服务在旅游业的地位、作用的分析，帮助学生深化对导游的认识，激发他们从事导游工作的兴趣。

职业素养目标：

培养学生导游职业的兴趣和社会责任感。

知识框架

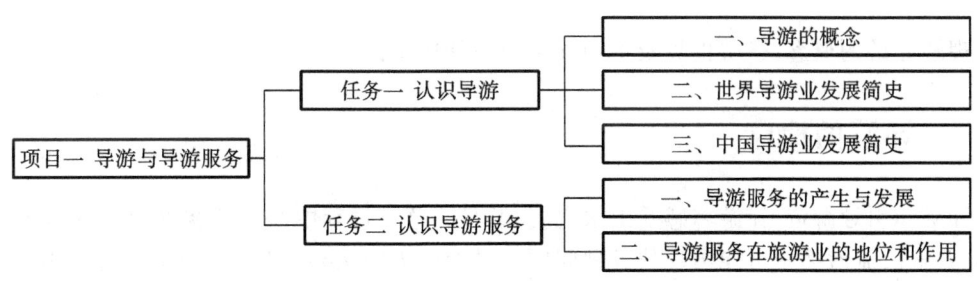

项目导入

　　小张是一名职业学校学生,2019 年 10 月初,他和朋友一行三人去找一位在九寨沟做导游的朋友,这位导游带小张一行前往九寨沟景区游览。请问,这是提供的导游服务吗?

　　案例分析:导游人员必须受旅行社委派,其可以是专职的,也可以是兼职的。未受旅行社委派的导游人员不得私自接待游客、承揽导游业务。此案例中的导游未被旅行社委派,所以其提供的并不是导游服务。

任务一　认识导游

任务引入

　　北岛曾说,一个人行走的范围就是他的世界!

　　成都是我们的家乡,你觉得它美吗?正因为我们的成都如此美丽,因此曾有个非常盛大的会议在成都举行,对,这就是 2019 年 8 月在中国成都举行的第十八届世界警察和消防员运动会。那我们作为成都的小主人,更要担负起小导游的职责啦,将美丽的成都介绍给游客。那么怎样才能做一名合格的小导游呢?让我们一起开启接下来的学习吧!

理论知识

　　理解导游的概念,了解世界及中国导游业发展历史。

一、导游的概念

　　导游即引导游览,让游客感受山水之美,并且在这个过程中给予游客食、宿、行等各方面帮助,并解决旅游途中可能出现的各种问题。导游分为中文导游和外语导游。在我国,导游人员必须通过全国导游人员资格考试以后才能从业。现在的导游一般是挂靠旅行社或集中于专门的导游服务管理机构。按照具体工作内容不同，导游可以分为领队、全陪、地陪。一般来说，景点讲解员也是属于导游人员范畴内。

二、世界导游业发展简史

1841 年 7 月 5 日，英国的托马斯·库克组织了世界上第一次商业性旅游活动；1845 年，托马斯·库克创办了世界上第一家旅行社——托马斯·库克旅行社，他也被称为世界旅游业的鼻祖；1846 年，托马斯·库克组织了世界上第一次有商业性导游员陪同的旅游活动。

三、中国导游业发展简史

（一）新中国成立前中国旅游业发展情况

（1）19 世纪末上海租界已有专门为外国游客服务的民间旅游组织。

（2）20 世纪初西方一些旅游企业陆续占领中国市场。

（3）1923 年，银行家陈光甫先生在上海商业储蓄银行内设立了"旅行部"；1925 年 2 月，其组织第一个国际旅游团赴日本的"观樱团"；1927 年春，中国第一本旅游杂志——《旅行杂志》出版，标志着中国旅游业的开始。

（二）新中国成立后旅游业发展情况

新中国成立后旅游业发展分为三个阶段。

1. 开创阶段（1949 年至 1977 年）

这一阶段的标志如下。

第一，中国旅行社的成立标志着新中国旅游业的诞生。

第二，中国旅行游览事业管理局的建立标志着中国客源市场的转移及游客构成的重大变化。

2. 改革振兴阶段（1978 年至 1989 年）

这一阶段国家对旅游业的主要改革措施如下。

第一，完善旅游管理机构，形成从中央到地方的一整套管理体制，制定了一系列有关发展旅游业的方针政策。

第二，打破高度集中的旅游业管理格局，引入竞争机制，加速旅游业的发展。

主要措施：一是企业化；二是实行多元化的经营体制；三是简政放权。

3. 全面发展阶段（1990 年至今）

这一时期，我国旅游市场机构和旅游供给结构开始了历史性的转变。

第一，对国内旅游业的态度由改革开放初期的"不鼓励、不支持、不反对"转变为 1993 年中央提出"搞活市场、正确引导、加强管理、提高质量"的国内旅游业的发展方针,这使国内旅游市场与入境旅游市场日渐融洽,为旅游产业更加规模化地发展创造了条件。

第二,国内民众对出境旅游的期盼及国家对出境旅游的支持,使得中国成为当今世界上重要的旅游客源地之一。

第三,我国旅游业现已全面进入三大旅游市场——入境旅游市场、国内旅游市场、出境旅游市场。

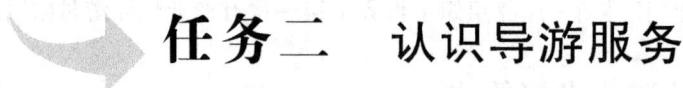

任务二 认识导游服务

任务引入

某旅行社刚成立,拟在高校招聘3位导游服务人员,请你为他们写一个招聘广告,内容需包含岗位要求和岗位职责。

理论知识

了解导游服务的产生与发展,认识导游服务在旅游业的地位和作用。

一、导游服务的产生与发展

(一)古代:原始导游服务

人类历史上,原始导游服务究竟出现于何时,已无从可考。然而,根据中国历史的考查,为旅行者当"向导"可视为原始导游的最初形态。如《孟子·离娄下》篇中就有"有故而去,则使人导之出疆"之记载。当时,充当"向导"者一般都是同旅游者邂逅的车夫、当地居民和店小二,没有雇佣关系,一般以"盘缠"和"酒钱"的形式,由"问者"根据路途的长短酌情支付。

中国古代原始导游服务的另一种类型就是"陪臣""书童""家奴"和"仆从"。他们的共同特点是有固定的服务对象,对主人的旅行全程陪同,实行全方位的私家旅行生活服务。

"书童""家奴"和"仆从"则主要受雇于富人,当主人出行时他们全程陪同,照料主人整个旅途的生活起居。

　　我们把古代的"向导""陪臣"等划分为原始导游服务,是由于受当时社会生产力发展水平的限制,旅游没有成为人们的一种自主意识和普遍需求,因而导游服务也不可能成为具有广泛意义的一种社会化行为,更不可能成为一种职业。所以,它不具有现代意义的导游属性,而只是导游服务的一种早期雏形。

(二)近代:职业导游服务

　　17世纪中叶至18世纪中叶,是人类历史的又一个重大变革时期。其间,英国发生了工业革命,并蔓延到整个欧洲。工业革命促进了社会生产力的重大变革,新兴的资产阶级、工人阶级的出现和新型商业城市的崛起,将人类的历史推进到一个崭新的发展阶段。

　　新的历史发展时期,必然会引发人们新的需求。由于以蒸汽机为代表的现代交通工具的出现,旅游消费成为19世纪西方发达国家富人阶层的一大时尚,出生在英国一个贫寒家庭的托马斯·库克敏锐地意识到这一消费现象的出现,于1841年7月包租了一列火车,运送570人从莱斯特前往拉巴夫勒参加禁酒大会,获得成功。托马斯·库克组织的这次活动被公认为世界上第一次商业性旅游活动,于是,他本人也就成为旅行社代理业务的创始人。

　　由于众所周知的原因,旅行社业务和导游服务在中国起步较晚。

　　1840年,西方殖民主义的大炮轰开了中国的大门。随后,英国通济隆旅游公司(前身即托马斯父子公司)、美国运通公司等在中国开设了办事处,组织旅游活动。这样,到20世纪初,中国的旅游市场完全被英、美、日、法等外国旅行机构所垄断。为了打破这种局面,1923年8月,上海商业储蓄银行总经理陈光甫先生在银行中创设了旅游部,这样就出现了中国第一批导游员。陈光甫先生在介绍自己创办旅行社的原委时曾说:"外人在华投资雄厚,诚足惊人,更进而经营我国国内旅行事业;国人自甘落后,可耻孰甚。遂毅有经营旅行社之志。"1927年6月1日,陈光甫先生将附设在自家银行的旅游部迁出,正式成立中国旅游社,成为中国历史上第一家旅行社。

(三)现代:规范化和个性化导游服务

　　随着现代旅游的迅猛发展,旅游服务质量,特别是导游服务质量引起了各国政府的高度重视。其纷纷采取措施,制定旅游服务质量标准,对导游员实行资格认证制度和工作考核制度,从而实现了规范化服务与管理。

　　新中国成立后,党和政府非常重视旅游事业,旅游的发展经历了由官方接待到商业运作两个阶段。1949年11月成立了华侨服务社;1954年4月,中国国际旅行社成立;1974年,中国旅行社成立;1980年6月,中国青年旅行社成立,我国旅行社业从而形成了既有分工,又有合作,也有竞争的三足鼎立的格局。这一时期导游人员属国家干部。

　　1978年党的十一届三中全会,决定我国开始实行改革开放。从1984年以后旅行社外联权开始下放,于是全国各地掀起了旅行社的组建热潮,与此同时,全国导游人员达到2.5万余人。为了加强对导游服务的管理,我国政府和旅游行政管理部门加快了制定导游服务管理行政法规的步伐,如1978年国家旅游局(现文化和旅游部)颁布了《旅游涉外人员守则》;1987年国家旅游局颁布了经国务院批准的《导游人员管理暂行规定》(1999年正式颁布);1989年国家旅游局决定在全国范围内举行导游资格考试;1994年国家旅游局颁布了《导游员职业等级标准(试行)》,并于次年决定分初级、中级、高级和特级四个等级,对全国持证导游员实行等级评定;1995年,国家技术监督局(现国家质量监督检验检疫总局)颁布了《导游服务质量》,这是新中国成立以来国家颁布的第一个导游服务标准,从1996年6月1日开始正式实施;1997年3月13日,国家旅游局又颁布了《旅行社国内旅游服务质量要求》行业标准,该标准从1997年7月1日起实施。导游服务国家标准和行业标准的颁布,标志着我国导游服务在政府的引导和管理下,已经完全走上规范化的发展轨道。

二、导游服务在旅游业的地位与作用

(一)导游服务的概念

导游服务是指取得导游资格证的人员代表被委派的旅行社,按照组团合同或约定的内容标准,为旅游者提供向导、讲解及相关的旅游服务。

(二)导游服务在旅游业中的地位

纵观人类旅游发展的历史,无论是古代还是近现代,导游服务总是与人类的旅游活动互助互涨,旅游演绎出导游,导游又为人们的旅游活动提供各种便利,从而不断吸引越来越多的人加入旅游大军的行列。如果说在旅行社、旅游饭店和旅游交通这条现代旅游三大支柱产业链中,旅行社处于核心或龙头地位的话,那么导游就是旅行社的灵魂和支柱。导游业务是旅游业中不可或缺的重要组成部分,没有现代导游业务也就没有现代旅游业。有人说:"没有导游的旅行是不完美的旅行,甚至是没有灵魂的旅行。"

现代旅游,涉及食、住、行、游、购、娱六大环节,能够在这条旅游消费链中提供完整系统的服务只有导游。正因为如此,世界各国从不同的角度对导游在旅游业中的地位给予了充分肯定。日本旅游协会出版的《添乘业务教程》一书称"导游业务是旅游业最重要的业务"。美国尤金·丁·豪勒在其主编的《旅游英语》一书中则认为:"在整个旅游工作中,最独具特色、最困难的工作大概就算导游了。"新加坡旅游促进会编写的《导游员训练手册》中写道:"旅游者对一个国家和人民的印象会受到他所接触的导游员的很大影响……所以一个合格的、有能力的导游员的重要性,无论怎样强调都不过分。"为此,美国把导游员看作"祖国的脸面",英国伦敦旅游局把导游员看作"伦敦大使"。在我国,人们通常把导游称为"旅游业的灵魂""旅行社的支柱""旅游者心理平衡的支点"和"民间外交大使"。

总之,导游在旅游业中的地位可以用"灵魂""主导""支柱"三个词来概括。

(三)导游在旅游业中的作用

导游在旅游业中的作用是由其在旅游业中的特定地位所决定的,具体表现在:①承上启下;②连接内外;③协调左右;④反馈沟通。

实践操作

完成一次"我是校园小导游"

活动目的

初试牛刀,首次体验导游乐趣。

活动要求

完成一次校园小导游。

活动步骤

确定校园导游路线—准备校园导游词、制作导游旗等—带领小组同学完成导游工作。

活动评价

小组评价、自我评价、教师评价。

拓展提升

搜集导游行业最新资讯,与班级同学分享。

项目小结

通过项目一的学习,了解了导游是什么,导游是如何发展而来的,导游服务是什么,导游服务在旅游业中的地位和作用,为接下来的学习奠定了基础。

项目训练

一、单选题

1. 世界上第一例商业旅游活动始于(　　)。

A. 1841 年　　　　B. 1842 年　　　　C. 1843 年　　　　D. 1844 年

2. 中国第一家旅行社是(　　)。

A. 中国旅游社　　　　　　　　B. 中国国际旅行社

C. 中国光大旅行社　　　　　　D. 中国青年旅行社

二、多选题

1. 导游在旅游业中的作用为（   ）。

A. 承上启下　　　B. 连接内外　　　C. 协调左右　　　D. 反馈沟通

2. 导游可分为（   ）。

A. 领队　　　　　B. 全陪　　　　　C. 地陪　　　　　D. 景区景点导游

三、判断题

1. 现代旅游,涉及食、住、行、游、购、娱六大环节,其中能够在这条旅游消费链中提供完整系统的只有导游服务。（   ）

2. 1955 年 4 月,中国国际旅行社成立。（   ）

3. 1841 年 7 月 5 日,英国的托马斯·库克组织了世界上第一次商业性旅游活动。（   ）

能力训练

某单位在"十一"期间安排优秀员工去西安旅游,该单位派熟悉西安的员工小李带队并负责安排优秀员工在西安的吃、住、玩等事宜。请问,小李提供的是导游服务吗?

项目二
中国历史文化

🐼 项目目标

职业知识目标：

1. 了解中国历史发展的基本脉络，掌握各个历史时期的主要大事。

2. 掌握姓氏称谓、天干地支等中国历史文化小常识。

3. 熟悉中国古代哲学与文学的主要内容。

4. 熟悉中国古代科技文化的主要内容。

5. 掌握中国共产党的发展历程、重大事件与成功经验。

职业能力目标：

1. 在导游讲解中会运用所学的中国历史文化相关知识。

2. 能够运用历史知识分析有关旅游文化现象。

职业素养目标：

1. 增强学生的中国文化自信。

2. 培养学生博览群书的阅读习惯。

知识框架

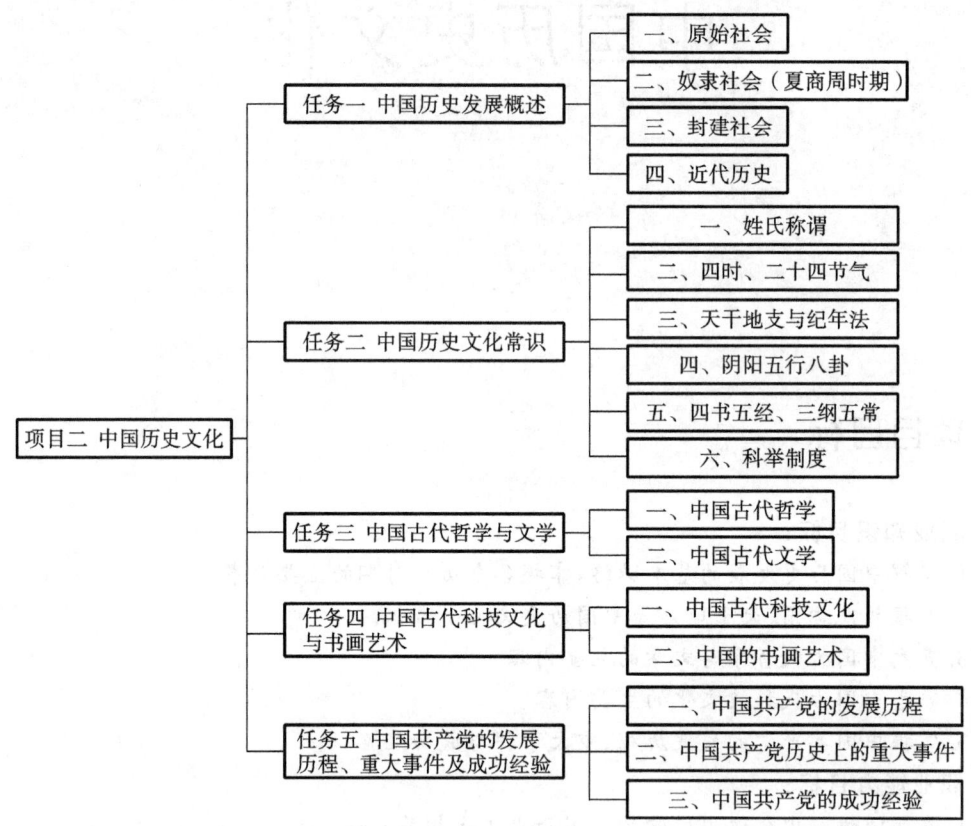

项目二 中国历史文化

- 任务一 中国历史发展概述
  - 一、原始社会
  - 二、奴隶社会（夏商周时期）
  - 三、封建社会
  - 四、近代历史
- 任务二 中国历史文化常识
  - 一、姓氏称谓
  - 二、四时、二十四节气
  - 三、天干地支与纪年法
  - 四、阴阳五行八卦
  - 五、四书五经、三纲五常
  - 六、科举制度
- 任务三 中国古代哲学与文学
  - 一、中国古代哲学
  - 二、中国古代文学
- 任务四 中国古代科技文化与书画艺术
  - 一、中国古代科技文化
  - 二、中国的书画艺术
- 任务五 中国共产党的发展历程、重大事件及成功经验
  - 一、中国共产党的发展历程
  - 二、中国共产党历史上的重大事件
  - 三、中国共产党的成功经验

项目导入

　　美籍华裔胡氏一行 10 人，祖籍在山东，其祖先先迁到江苏，后又迁到福建，然后赴美国做劳工，最后在美国定居。本次回国旅游，胡氏寻根祭祖和参观福建土楼是重点。

　　旅行社安排导游小张接待此旅行团，请问小张需要做哪些方面的知识准备呢？

任务一　中国历史发展概述

任务引入

　　高二学生李明在看完电影《唐人街探案》后，产生了这样的疑问：为什么在国外中国人聚居的地方要称作"唐人街"，穿的衣服要称作"唐装"？作为旅游专业的同学，你能解答李明同学的疑惑吗？

理论知识

了解中国历史发展的进程。

一、原始社会

　　中国与古巴比伦、古埃及、古印度并称为世界四大文明古国，是人类重要的发祥地之一。距今约 170 万年的云南"元谋人"，是现在已知中国境内最早的远古居民；距今 70 万年至 20 万年的周口店的"北京人"已经学会制造石器和使用天然火；距今 3 万年的"山顶洞人"已经过着氏族公社的生活，他们已经会人工取火，靠采集、狩猎为生，已用骨针为自己缝制衣服，懂得了爱美。

　　新石器时代，黄河和长江流域的部分居民，相继进入母系氏族公社的繁荣阶段，黄河流域的仰韶文化和长江流域的河姆渡文化为其杰出代表。西安半坡氏族是仰韶文化早期的一个典型，他们制造的彩陶非常精美，彩陶上面的刻画符号被认为是中国早期文字的雏形。浙江余姚河姆渡氏族已定居生活，建造了带有复杂榫卯结构的干栏式房屋，已学会打井、饲养牲畜、驾驭舟楫。在河姆渡遗址发现的水稻和骨耜，说明我国是世界上最早种植粟和水稻的国家之一。

　　距今约四千年以前，人类历史进入父系氏族社会，山东大汶口文化是父系氏族社会的典型文化形态。这一时期父权确立，出现了耕作的工具——犁，能用其制作精美的陶器和玉器，且出现了红铜青铜制品，说明冶铜技术已被发明。手工业已从农业中分离出来，在贫富分化的情况下，阶级出现，由此进一步导致原始社会解体，国家开始产生。众多部落之间频繁的交往和争斗，促进了中华民族的融合。

在原始社会的神话传说中,有一些堪称时代代表的人物。有巢氏"构木为巢";燧人氏"钻木取火";伏羲氏教人们用绳子结网打猎、学会饲养,产生了原始畜牧业;神农氏教人种植五谷、尝百草发明医药等,产生了中国远古农耕文明。后人为了纪念他们的业绩,把燧人氏、伏羲氏和神农氏尊为"三皇"。从有巢氏到神农氏,从构木为巢、钻木取火,一直到渔猎、畜牧,发展农业,反映了原始人生产力的发展。炎帝、黄帝大战蚩尤的传说,反映了华夏远古部落从战争到融合的过程。炎帝、黄帝已被尊崇为中华民族的始祖,中华儿女亦称为炎黄子孙。尧、舜、禹是继炎帝、黄帝之后黄河流域部落联盟的杰出首领,传说他们有许多美德,尧勤俭克己,舜谦让敬老,禹大公无私。他们都是通过部落"禅让制"民主推选担任首领的。

二、奴隶社会(夏商周时期)

我国的奴隶社会是从禹的儿子启开始的,约在公元前21世纪,禹治水成功,被推举为联盟首领。禹死后,其子启继位。从此,世袭制取代了禅让制,中国历史上出现了第一个奴隶制王朝——夏朝。夏朝时已经使用铜器,人们也逐渐懂得运用水利,掌握了原始的灌溉技术。夏朝还设置了军队,制定了刑法,修造了监狱,建筑了城墙。夏王朝统治了大约四百多年,到公元前十六世纪,夏的最后一个国王桀在位,桀是历史上有名的暴君,东边的商部落在首领汤的率领下起兵伐桀,灭掉了夏朝。

商汤建立商朝的时候,最早的国都在亳(今河南商丘),后商朝多次迁都,商朝中期盘庚将都城迁到殷(今河南安阳)之后,迅速兴盛起来,因而商朝又叫殷朝或殷商。商朝有比较成熟的文化,甲骨文是一种成熟的文字,是当时卜祀时在龟甲或兽骨上的记录,是今天汉字的渊源。商朝的青铜器制作,有着高超的冶炼和铸造技术,是我国古老文明的象征。司母戊大方鼎现藏于中国国家博物馆,是迄今为止出土的最大、最重的青铜礼器。商朝的社会矛盾在中后期加剧,王权的争夺尤为激烈,同时还有奴隶的反抗斗争。商朝末期,商纣王荒淫无道,穷兵黩武,周武王起兵伐纣,在牧野之战后灭商,建立周朝,史称西周。

西周政治上实行分封制,经济上实行土地所有制(井田制)。把王族、功臣分封到各地为诸侯,建立诸侯国,周王朝还制定了礼和刑来维护奴隶制贵族内部的等级制度,镇压奴隶和平民。公元前841年,周厉王在位,爆发了以平民为主的"国人暴动",动摇了西周统治的基础,王室衰微,国力贫困,诸侯常常不来朝贡。西周灭亡后,周平王迁都洛邑,史称东周。

东周时期是中国古代社会思想活跃、民族融合、政治大变革的阶段。东周的前半期称为春秋,因鲁国的史书《春秋》而得名。此时周王室的势力一落千丈,逐渐失去了"天下共主"的地位,各国诸侯则趁机而起,打着"尊王攘夷"的旗号,争夺霸主地位。齐桓公任用管仲为相,改革经济、政治、军事,成为春秋时期第一个霸主。后来,晋文公、秦穆公、楚庄王等先后称霸中原。春秋晚期,吴国、越国先后在南方称霸,吴王阖闾、越王勾践是春秋后期的霸主。

东周的后半期称为战国,因列国混战不休的形势而得名。多年的兼并战争形成了齐、楚、燕、韩、赵、魏、秦七雄争霸的历史格局。为了在战争中取得有利的地位,各国内部还进行了变法运动,其中商鞅在秦国的变法最为显著,秦国的实力一跃而上,成为七国中的最强者,为日后一统各国打下了坚实的基础。

三、封建社会

(一)秦汉时期

公元前221年,秦王嬴政统一六国,建立了中国历史上第一个统一的、多民族的中央集权制封建国家——秦,定都咸阳。秦王嬴政自诩"功高三皇,德高五帝",自称"始皇帝"。秦始皇建立了以皇帝为中心的官僚体制,实行郡县制度,秦王朝奠定的封建国家框架在以后的2000多年中一直被沿用。秦始皇还统一了货币、文字、度量衡、车轨等;修筑万里长城(也称为秦长城,东起辽东,西至临洮);开凿世界上最古老的人工运河——灵渠。但是,秦王朝的严刑酷法、焚书坑儒等苛政,也阻碍了社会的发展,终于引发了陈胜、吴广起义。之后经历楚汉战争,刘邦打败项羽,建立了西汉王朝。

公元前202年,刘邦建立汉朝,定都长安,史称西汉。汉承秦制,但是西汉初年汲取了秦朝的教训,实行休养生息的政策,社会经济从恢复走向发展,文帝、景帝在位期间,中国封建社会出现第一个治世局面"文景之治"。汉武帝时是西汉的鼎盛时期,经济繁荣、府库充实。汉武帝即位后,颁布推恩令,削弱王权。汉武帝还采取了积极的对外政策,派大将卫青、霍去病打击匈奴,保证了河西走廊的安全。又在西北边地屯田、修长城,并派张骞出使西域,打通了汉朝通往中亚的贸易通道,开辟了丝绸之路,把包括新疆在内的西域地区直接控制在中央政权之下。汉武帝还采用董仲舒的建议,罢黜百家,独尊儒术,设立太学,教授五经,使儒学获得了独尊地位。

西汉后期,王莽篡权,改国号为"新"。西汉皇族刘秀利用农民起义,于公元25年建立东汉政权,定都洛阳。东汉时期,班超出使西域,166年,大秦(古罗马)王安敦遣使从海路来中国,这是中欧国家友好往来的最早记录。东汉中叶以后,外戚与宦官长期把持朝政,社会矛盾激化,豪族大姓称雄,最终导致黄巾起义爆发。此后,军阀割据,东汉王朝名存实亡。

(二)三国两晋南北朝时期

经过军阀混战,曹操统一了北方,但是不久遭到了孙权和刘备联军的抵抗,赤壁之战后,逐渐形成魏(曹丕)、蜀(刘备)、吴(孙权)三国鼎立的局面,最后三分归于司马炎建立的西晋王朝。

263年魏灭蜀,265年司马炎废魏帝,建立晋朝,定都洛阳,史称西晋。西晋维持着短暂的全国统一局面,不久由于内乱和异族入侵而灭亡。317年西晋灭亡,司马睿在建康(今南京)建立东晋,与北方的"五胡十六国"对峙。420年东晋灭亡,南方经历宋、齐、梁、陈四朝,因这些朝代都定都建康,史称南朝。而北方为北魏所统一,之后分裂成东魏和西魏,不久又分别被北齐与北周所取代,史称北朝。这一历史阶段叫"三国两晋南北朝",又称"魏晋南北朝"。

这一时期,中国处于政权林立、南北分裂的状态,但是,政权割据的背后却是中华各民族的大融合。北魏孝文帝进行以汉化为主题的改革,实行官员俸禄制,土地均田制,迁都洛阳,穿汉服,改汉姓,接受汉族优秀文化。北方人民南迁,为南方带去了劳动力与中原的生产技术。孝文帝成为中国古代杰出的少数民族政治改革家。此时江南地区也得以进一步开发。

(三)隋唐五代时期

581年,隋文帝杨坚建立隋朝,定都长安,并且重新统一了中国。隋朝虽然短暂,却是承前启后的朝代。隋文帝改革官制,创立三省六部制、实行均田、减轻徭役、大兴科举、使社会安定、经济复苏,史称"开皇之治"。所创立的三省六部制和科举制都为以后各朝代沿袭、改进。隋代的隋唐大运河是古代工程史上的伟大创举,它改变了中国水运体系南北不通的历史,对中国南北方经济交通、南粮北运和人员往来,都有巨大的作用。

618年,李渊建立唐朝,定都长安。唐朝建立后,社会迅速发展。唐太宗时,出现"贞观之治",唐玄宗李隆基统治初期,唐王朝达到全盛时期,史称"开元盛世"。此后政坛风云多变,出现了中国历史上唯一的女皇帝武则天。唐玄宗开元时期,国力强盛,疆域辽阔,为当时世界上最发达的文明。唐朝是开放和包容的时代,国内各民族间的接触和交往空前发展,各民族关系进一步密切;唐朝与日本、朝鲜、印度、伊朗等国以及阿拉伯民族的许多国家建立了广泛的经济和文化联系。唐朝统治后期,政治腐败,最终引发了"安史之乱",使得唐朝逐渐走向衰落和灭亡。

唐朝灭亡后,各地方势力建立了各自的政权,相互之间展开混战。在北方的黄河流域就先后建立了五个朝代,分别是后梁、后唐、后晋、后汉、后周,史称"五代";在南方和山西相继出现了十个割据政权,史称"十国"。这个时期被叫作"五代十国",是中国历史上的一段大分裂时期。

(四)宋辽金元时期

五代十国之后,960年,后周大将赵匡胤在"陈桥兵变"后称帝,建立北宋,定都东京(今开封)。但北宋没有完全统一中国,燕云十六州被北方契丹族建立的辽占据,河西走廊被党项族建立的夏(史称西夏)占据,北宋为了维持边境和平,不得不向辽和西夏交纳岁币。后来,松花江流域女真族建立的金势力逐渐膨胀,并且联合北宋灭辽。后来金灭北宋,俘虏了宋徽宗和宋钦宗,史称"靖康之难"。

1127年,赵构在江南偏安立国,建都临安(今杭州),史称南宋。此后金与南宋多次交战,出现了宗泽、岳飞等抗金名将。此时,蒙古族迅速崛起,成吉思汗和他的子孙们发动了扩张战争,先后消灭西夏、金、大理和南宋。

1271年,忽必烈建立元朝,定都大都(今北京)。蒙古族建立的元朝疆域辽阔,实现了包括新疆、西藏及云南地区在内的大统一,大体确定了中国疆域的规模。元朝设行省制度统治全国,影响深远。元朝实行民族分化政策,但统一的元帝国也使民族融合进入了一个新的阶段。

（五）明清时期

元朝末年爆发了一连串的农民起义，1368 年朱元璋建立明朝。朱元璋通过废除丞相、建立厂卫特务机构、以八股取士和在地方设三司等措施，极大地强化了中央集权的封建君主专制。经济上休养生息，鼓励垦荒，减免赋役。军事上多次下令修长城（明长城东起辽宁丹东鸭绿江江边的虎山，西至甘肃嘉峪关，全长 8851.8 千米）。永乐年间，永乐帝下令解缙编著集明代最先进的科技文化于一身的综合性书籍《永乐大典》；且郑和率领庞大的船队七下西洋，是中国对外交往的重大事件，也是世界航海史上的空前壮举。明朝中期以后，由于宦官专权，特务横行，吏治败坏，明朝开始走向衰落。李自成领导的农民起义推翻了明朝。此时东北的女真族入关，建立清朝。

1636 年，皇太极改国号为"清"，称帝。1644 年清军攻入山海关，顺治帝祭告天地，正式宣告定都燕京（今北京）。清朝前期是我国统一多民族国家的重要阶段。郑成功收复台湾，其后清朝设置台湾府；击败沙俄对我国黑龙江流域的侵略，这些斗争维护了国家的主权和领土完整。平定准噶尔部噶尔丹分裂势力和平定回部大、小和卓的叛乱，加强对西藏的管辖，使多民族国家的统一得到进一步巩固。但是清朝在对外关系上长期闭关自守，盲目自大。1840 年，英国发动鸦片战争，清政府最后同英国政府签订了丧权辱国的《南京条约》。此后，英、法、俄、日、美等西方列强不断发动战争，强迫清政府签订各种不平等条约。自此，中国逐渐沦为半殖民地半封建社会。

四、近代历史

在中华民族的空前危机之际，中国先后爆发了洋务运动、戊戌变法、义和团运动等。1911 年，孙中山领导的辛亥革命推翻了清政府的统治，同时也结束了我国延续 2000 多年的封建君主专制制度，建立了"中华民国"，中国历史翻开了崭新的篇章。

但是革命的果实随即就被袁世凯窃取，后来又陷入军阀混战的局面，民国徒有虚名。以孙中山为首的国民党和刚刚成立的中国共产党为挽救国家颓势，依各自不同的指导思想与军阀展开了斗争并最终走向合作。正当革命形势大好之时，国民党右派相继发动"四一二"和"七一五"反革命政变，大革命夭折。

1931 年，日本发动"九一八"事变，中华民族面临生存危机。大敌当前，"停止内战，一致抗日"成为中华民族的唯一抉择。张学良等发动"西安事变"，迫使蒋介石接受共产党人的建议，实现第二次国共合作。1937 年 7 月 7 日，日本又发动"卢沟桥事变"，向中国发动丧心病狂的侵略战争，1945 年，中国经过十四年艰苦卓绝的抗日战争，最终赢得胜利。

此后，围绕国家主权的重组和国家命运的选择，国共两党的分歧越来越大。1946 年，国民党发动战争，中国进入了国共内战阶段。1949 年，国民党在大陆的统治土崩瓦解，退守台湾。1949 年 10 月 1 日，中华人民共和国成立，中国历史开始了新的征程。

任务二 中国历史文化常识

任务引入

《百家姓》与《三字经》《千字文》并称为三大蒙学读物。《百家姓》成书于北宋初年,原搜集中文姓氏 411 个,后增补到 504 个。《百家姓》读来顺口,易学好记。高二旅游二班的赵乾同学一直深感自豪,因为"赵"姓排在百家姓之首,同学们知道为什么《百家姓》的前四姓为"赵钱孙李"吗?

理论知识

了解中国的姓氏称谓、四时与二十四节气、天干地支与纪年法、阴阳五行八卦;识记四书五经、三纲五常;讲述中国的科举制度。

一、姓氏称谓

(一)姓、氏

姓氏是一个人血统的标志。在先秦时期,姓和氏有不同的含义。姓是一种族号,氏是姓的分支。姓的起源可以上溯到母系氏族社会。其作用是"别婚姻",即识别、区分氏族实行族外婚。姓原本表示妇女世代相传的血统关系,由女性方面决定,从目前已知的古老姓氏,如姬、姜、嬴、妊、姒、妫等姓中均带有"女"字偏旁,这就是母系氏族社会的痕迹。

"氏"原为"姓"的分支,起源于父系氏族社会。其主要作用在于"明贵贱"。起初,"姓"原是比"氏"更大的概念,是整个大部落的标记;而"氏"从属于"姓",是指较小的、派生的氏族。如黄帝轩辕氏即属于姬姓部落。氏成为古代贵族标志、宗族系统的称号,用以区别子孙的世系。

战国以后,人们以氏为姓,姓和氏开始合二为一。到了汉代则全都叫作姓,并且自天子到庶民人人都可以有姓。这种用法一直延续到现在。我国具有世界上最悠久并持续不断的姓氏传统。据统计,我国现存姓氏有 3500 多个,而历史上出现过的姓氏有 2.2 万多个。

(二)名、字、号

名字是一个人区别于其他人的称号。古人幼时取名以供长辈呼唤。字是古人成年后取的别名,与名相表里,又叫"表字"。古代男子到 20 岁成人,要举行冠礼,标志其人可立身于社会了,要另取一个字。女子未许嫁时叫"待字"闺阁,到了 15 岁许嫁时,举行笄礼,也要取字。

名和字在意义上一般是有联系的,字往往是名的阐释和补充。如,诸葛亮字孔明,"亮"与"明"是同义词;岳飞字鹏举,"飞"与"鹏举"意也相近;韩愈字退之,"愈"和"退之"则意义相反。

号,亦称别号,是古人在名和字以外的别名,一般为尊称、美称。如李白号青莲居士,陆游号放翁。另有一类号叫"诨号""混名",即通常说的"绰号""外号",如梁山好汉"智多星""豹子头""母夜叉"等,大部分是对人物外貌、能力或品行的概括。

古人在人际交往中,名具有"名以正体"的严肃性,一般用于谦称、卑称。上对下、长对少方可称名;下对上以及平辈之间,称字不称名。在一般情况下直呼对方的名是不礼貌的。字具有"字以足下又分别表德"之意,或以明志趣,或以表行第。因此,对人称呼常用字,字的使用率大大超过名。名人雅士的号则比字更加尊重、响亮。

(三)谥号、庙号、年号

谥号是古代帝王、诸侯、高官大臣死后,根据死者生前事迹而给予的称号。帝王的谥号大致分为三类:属于褒扬的有文、武、昭、穆等;属于贬义的有厉、灵、幽、炀等;属于同情的有哀、怀、愍、悼等。谥号在宋以后就有褒无贬了。朝廷重臣的谥号叫官谥,如诸葛亮谥"忠武"、岳飞谥"武穆"等。官谥中也有恶谥和改谥的,如秦桧先谥"忠献",后改为"谬丑"。

庙号是帝王死后,其继承者在太庙立室奉祀,并追尊以某祖、某宗的名号。一般是每个朝代的第一个皇帝称"祖",如"高祖""太祖";之后的嗣君称"宗",如"太宗""高宗"等。

年号是皇帝用以纪年而设置的称号,被认为是帝王正统的标志,称为"奉正朔"。年号始于西汉武帝即位之年的"建元"。新君即位,于次年改用新年号,叫"改元"。一个皇帝在位期间,遇到重大事件如祥瑞灾异等,也常改元,如武则天在位期间,用了 17 个年号。年号一般用两个字,也有用三四个字的,如"中大通"(梁武帝)、"天册万岁"(武则天)、"太平兴国"(宋太宗)等。

(四)避讳

中国古代,人们言谈和书写时遇到君父尊亲的名字要设法回避,用别的词语来代替,这就叫避讳。对帝王及孔子之名,众所共讳,称公讳、君讳或圣讳;此外,晚辈也不能直言父辈尊亲之名,称家讳或私讳。避讳之法,一般为改字、空字、缺笔、改读等,如因康熙皇帝名玄烨,"玄武门"改为"神武门","玄武大帝"改为"真武大帝";因唐太宗名李世民,而把"观世音"改为"观音";又如《红楼梦》中提到,林黛玉的母亲名敏,因此她读书时,凡遇"敏"字皆念作"密"字,写字遇到"敏"字亦减一二笔。

(五)古代书籍中常见的其他称谓

除了称名、字、号外,古人有称官爵的,如杜甫被称为"杜工部",他的诗集就叫做《杜工部集》;还有称地望的,也就是出生地或居住地,如王安石被称为"王临川",他的文集叫作《临川先生文集》。此外,唐代诗文中还常常见到以排行相称,或以排行和官职连称,例如,白居易被称为"白二十二",李绅被称为"李二十侍郎"。值得注意的是,这种排行是按照同曾祖兄弟的长幼次序来排算的,并不是同父所生的兄弟排行。

二、四时、二十四节气

四时即春、夏、秋、冬四季。按夏历十二个月,每一季有三个月,以孟、仲、季来表示。如季的三个月分别作孟春、仲春、季春,以此类推,这些名词常常用作相应月份代称。

二十四节气是我国古代人民概括总结出的一套天文气象历法。它以地球围绕太阳公转的一个周期作为一个轮回,基本概括了一年中不同时节太阳在黄道上的位置、寒来暑往的准确时间、降雨降雪等自然现象发生的规律,以及记载了大自然中一些物候现象的时刻。因此,二十四节气是一部反映太阳对地球产生影响的太阳历。它被列入农历中,成为农历这一古老的阴阳合历的一个重要部分。二十四节气的划定是我国古代天文和气候科学的伟大成就,它在安排和指导农业生产过程中发挥了重大的作用。

二十四节气依次称为:立春、雨水、惊蛰、春分、清明、谷雨、立夏、小满、芒种、夏至、小暑、大暑、立秋、处暑、白露、秋分、寒露、霜降、立冬、小雪、大雪、冬至、小寒、大寒。

《二十四节气歌》

春雨惊春清谷天,夏满芒夏暑相连。

秋处露秋寒霜降,冬雪雪冬小大寒。

每月两节不变更,最多相差一两天。

上半年来六廿一,下半年来八廿三。

三、天干地支与纪年法

天干和地支合称"干支",是我国传统的记录时间顺序的符号,已有数千年历史。十天干:甲、乙、丙、丁、戊、己、庚、辛、壬、癸。十二地支:子、丑、寅、卯、辰、巳、午、未、申、酉、戌、亥。十天干和十二地支循环相配,共 60 种组合为一周,称为"六十甲子"或"六十花甲子"(见表 1-1),周而复始,用以纪年,也可以记录月、日、时辰。天干地支纪年萌芽于西汉,东汉时以政府命令的形式在全国通行。

表 1-1 六十甲子表

甲子	乙丑	丙寅	丁卯	戊辰	己巳	庚午	辛未	壬申	癸酉
甲戌	乙亥	丙子	丁丑	戊寅	己卯	庚辰	辛巳	壬午	癸未
甲申	乙酉	丙戌	丁亥	戊子	己丑	庚寅	辛卯	壬辰	癸巳
甲午	乙未	丙申	丁酉	戊戌	己亥	庚子	辛丑	壬寅	癸卯
甲辰	乙巳	丙午	丁未	戊申	己酉	庚戌	辛亥	壬子	癸丑
甲寅	乙卯	丙辰	丁巳	戊午	己未	庚申	辛酉	壬戌	癸亥

十二地支与十二种动物相配,构成十二生肖(属相),包括子鼠、丑牛、寅虎、卯兔、辰龙、巳蛇、午马、未羊、申猴、酉鸡、戌狗、亥猪。与干支纪年法相比,用生肖纪年既简便,又形象,所以在民间广泛流行。

古人还用十二地支纪辰,即把一天分为十二个时辰,用地支表示(见表1-2)。

表1-2 12时辰与24小时对应表

子时	丑时	寅时	卯时	辰时	巳时	午时	未时	申时	酉时	戌时	亥时
23—1时	1—3时	3—5时	5—7时	7—9时	9—11时	11—13时	13—15时	15—17时	17—19时	19—21时	21—23时

常用的纪年方式除了干支纪年法、生肖纪年法外,还会采用帝号纪年法(如周平王元年)和年号纪年法(如永乐十八年)。

四、阴阳五行八卦

阴阳五行是我国古代的一种自然哲学,也是中国古代这些思维的起点。"阴阳"原指向日为阳、背日为阴的日照向背,后扩展引申到相互对立、消长的两种现象、事物、联系等,如日月、天地、君臣、男女、夫妻、上下、刚柔、动静、强弱等(见表1-3)。

表1-3 阴阳

阴	日	天	君	男	夫	气	刚	雄	强	上	动	暖	南	脏
阳	月	地	臣	女	妻	血	柔	雌	弱	下	静	寒	北	腑

古代认为构成万物的基本要素是金、木、水、火、土五种物质,它们同时也代表了事物的五种基本作用、功能、属性和效果,称为"五行"(见表1-4)。五行之间互相影响,形成"相生""相克"的关系,构成了世界万物的变化发展。五行相生:金生水,水生木,木生火,火生土,土生金。五行相克:金克木,木克土,土克水,水克火,火克金。

表1-4 五行对应表

五行	五色	五方	五脏	五声	五季
木	青	东	肝	角	春
火	赤	南	心	徵	夏
土	黄	中	脾	宫	长夏
金	白	西	肺	商	秋
水	黑	北	肾	羽	冬

阴阳五行思想通过空间和时间两个方面的渗透,在古代中国逐渐沉积为一种观念和思维习惯,如音乐分五声,空间有五方,人体有五脏,文采有五色。

八卦是《周易》中的八种符号,象征八种基本自然物象(见图1-1和表1-5)。

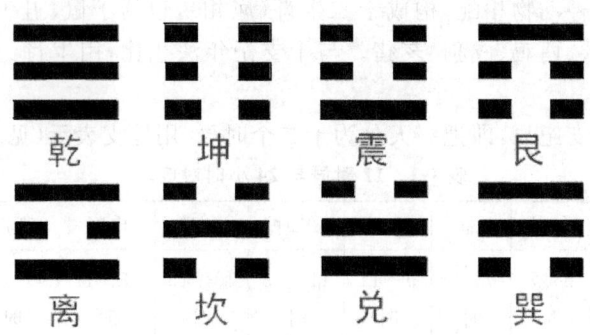

图 1-1　八卦的八种符号

表 1-5　八卦表

卦序	卦名	物象
一	乾	天
二	兑	泽
三	离	火
四	震	雷
五	巽	风
六	坎	水
七	艮	山
八	坤	地

五、四书五经、三纲五常

四书指《大学》《中庸》《论语》《孟子》的合称。五经:《诗》《书》《礼》《易》《春秋》,是科举考试必读书目。三纲为"君为臣纲""父为子纲""夫为妻纲"。五常:仁、义、礼、智、信。三纲和五常的合称,简称"纲常"。

六、科举制度

科举制度是中国古代特有的选官制度,就是由国家设立科目,定期举行统一考试,以选拔官吏。它创始于隋,确立于唐,完备于宋,而延续至元、明、清,于 20 世纪初废除,在中国历时 130 多年,影响深远。下面以明清科举为据,简要介绍其常识。

(一)科举考试

乡试:乡试通常每三年在各省省城举行一次,称为"大比",因考期在秋天,故又称"秋闹"。参加乡试的是生员(又称庠生,俗称秀才),考取者称为"举人",已有做官资格,第一名称为"解元"。

会试:会试在乡试后的第二年春天在礼部举行,故又称"春闹""礼闹"。参加会试的是举人,考中者称为"贡士",第一名称为"会元"。

殿试:殿试是皇帝主试的考试,考策问,亦称"廷试"。参加殿试的是贡士,殿试按成绩分为"三甲"(即三等)。第一甲"赐进士及第",取三名,第一名俗称"状元",第二名俗称"榜眼",第三名俗称"探花",合称"三鼎甲"。第二甲"赐进士出身",有若干名,二甲第一名俗称"传胪"。第三甲"赐同进士出身",有若干名。

(二) 科举荣誉

1. 连中三元

在乡试、会试、殿试中连续获得第一名,即分别中了"解元""会元""状元"则被称为"连中三元"。自隋代至清代1300年的科举考试中连中三元的只有13人。

2. 金榜题名

殿试之后录取的进士名单,一般用黄纸书写,大多为皇帝点定,称"皇榜""黄甲""金榜"。所以,考中进士又称"金榜题名"。

3. 独占鳌头

唐宋以来,在皇帝大殿前有一块雕刻着龙和大龟(鳌)的大石板,每次殿试后的金殿传胪的仪式上,新科状元在行礼时都要单独站在这块石板上,因此人们又称状元为"独占鳌头"。

4. 蟾宫折桂

"蟾宫折桂"是郤诜用月宫广寒殿的桂枝来形容自己是出众的人才。唐以后,蟾宫折桂用来比喻中榜的进士。

任务三　中国古代哲学与文学

任务引入

导游小张接到一个来自西安的旅游团,他们要去参观杜甫草堂,小张进行了仔细的准备工作,你觉得小张会做哪些方面的准备工作呢?

理论知识

了解中国古代哲学的流变,能够区分诸子百家的思想主张,了解中国古代的文学形式,能够讲述中国古代文学的历史发展进程。

一、中国古代哲学

哲学是人类精神的反思,包括对自然、社会和个人的反思。哲学在文化体系中居于最高层次。中国传统哲学作为民族精神的概括与升华,构成珍贵传统文化体系中内涵最丰富、最能代表中华民族智慧以及自我觉醒的心态历程。

(一)中国古代哲学的流变

中国哲学的流变大体是周代子学、两汉经学、魏晋玄学、宋明理学、清代朴学等。

1. 周代子学

中国哲学比较"早熟",特别是春秋战国时期,我国产生了儒、道、墨、法、阴阳、纵横、兵、杂家等思想流派,出现百家争鸣局面,形成繁荣昌盛的思想文化。

春秋时的孔丘(孔子)是儒家学说的创始人,其言行思想集中反映在《论语》中。

春秋时的李耳(老子)是道家学说的创始人,著有《老子》。道家以辩证思维,主张清静、无为、淡泊名利,寄情山水而著称,对中国的人生哲学影响甚大。其代表人物除老子外,还有战国时期的庄子,著有《庄子》。

春秋时的墨翟(墨子)是墨家学说的创始人,其言行思想集中反映在《墨子》中。墨子提出"兼爱""非攻""尚同"等很有价值的思想,在自然科学方面也有精辟的见解。可惜,墨家之书大都散佚,墨家思想对后世影响较小。

战国时的韩非(韩非子)是法家学说的集大成者,著有《韩非子》。其他法家代表人物有李悝、商鞅等。法家思想主要是政治哲学,早已被历代当权者融入统治中。

春秋时的孙武(孙子)是兵家的著名代表,著有《孙子兵法》;战国时期的孙膑著有《孙膑兵法》。兵家思想不仅在历代军事上,而且在当今经济领域源源不断地释放其价值。

2. 两汉经学

经学是指中国古代研究儒家经典学说,并阐明其含义的学问。孔子晚年编订和整理了一些传统的文献,形成了《诗》《书》《礼》《易》《乐》《春秋》六经,这六经被人们公认为宝典。汉武帝即位后,实行罢黜百家,独尊儒术,使得经学日益兴盛和发展起来。汉代经学分古文经学和今文经学,学者在研习的过程中形成了两种思想派别,后经相互争辩、互相渗透和整合,初步实现了经学的统一。汉朝是经学发展最为繁荣的时期,在这一过程中,儒生通过对经学进行阐述发展的过程,使经学的思想渗透普通民众之中。

3. 魏晋玄学

魏晋玄学,是中国魏晋时期出现的一种崇尚老庄的思潮。与世俗所谓玄学有所不同,"玄"这一概念,最早出现于《老子》:"玄之又玄,众妙之门。"玄学即是研究幽深玄远问题的学说。魏晋时注重《老子》《庄子》和《周易》,称之为"三玄",而《老子》《庄子》则被视为"玄宗"。魏晋玄学的主要代表人物有何晏、王弼、阮籍、嵇康、向秀、郭象等。其核心内容涉及哲学上各个领域,其中包括本体论、知识论、语言哲学、伦理学、美学等前人未有触及或未能深入探讨的领域。

4. 宋明理学

两宋时,一批理学家以儒家思想为基础,吸收佛教和道教思想形成的新儒学,是宋代主要的哲学思想。朱熹是理学发展的集大成者,朱熹继承了北宋哲学家程颢、程颐的思想,将儒学改造成博大精深的理论体系,后人称之为程朱理学。

明代王阳明继承了宋代陆九渊"直探本心"的主张,强调知行合一,成为明代最大的理学家。阳明心学反映了儒家学说为适应明代社会出现的个性解放要求而进行的调整,对后代有深远的影响。

5. 清代朴学

随着汉学的兴起,清代的传统学术研究从以求实切理为帜志,愈加趋向于以名物训诂为特色,并崇尚朴实无华的治学风格。明末清初,在顾炎武、黄宗羲等学者的影响下,朴学在与宋明理学的对立和斗争中发展起来,其注重资料的收集和证据的罗列,主张"无信不征",以汉儒经说为宗从语言文字训诂入手,主要从事审订文献、辨别真伪、校勘谬误、注疏和诠释文字、典章制度以及考证地理沿革等等,少有理论的阐述及发挥,也不注重文采,因而被称作"朴学""考据学",成为清代学术思想的主流学派。其治学之根本方法,在"实事求是""无证不信"。朴学在保存和传递古代文化遗产方面具有积极的意义与重要的价值。

(二)儒家思想

儒家思想学说是中国两千多年的主流思想文化,成为中国传统文化的主导,又扩展到东亚各国,成为东亚文化圈的共同思想基础。

儒家在先秦时期的代表人物,除了孔子之外,还有孟子以及荀子。孔子主张德政,"礼"与"仁"是孔子儒学思想的主要组成部分。孔子思想涉及社会政治、伦理道德、教育思想等立身处世、为政治国的方方面面,在中华民族的思想和文化发展史上影响最大、时间最久、程度最深。孟子是战国时期儒家的代表,提出"性善论",注重个体修养。他主张施行仁政,强调民本思想,并提出"民贵君轻""政在得民",反对苛政。荀子主张礼法并用,提出"性恶论",强调后天学习的重要性,提出"人定胜天"的思想。

西汉时,董仲舒"废黜百家,独尊儒术",实际是尊崇儒术,兼容百家,吸收了法家、道家、阴阳家等各家学说,对儒学进行了改造,奠定了封建统治的理论基础,其核心是"天人感应""君权神授"。

两宋时,一批理学家以儒家思想为基础,吸收佛教和道教思想形成新儒学,是宋代主要的哲学思想。朱熹是理学发展的集大成者,朱熹继承了北宋哲学家程颢、程颐的思想,将儒学改造成博大精深的理论体系,后人称之为程朱理学。

明代王阳明继承了宋代陆九渊"直探本心"的主张,强调知行合一,成为明代最大的理学家。阳明心学反映了儒家学说为适应明代社会出现的个性解放要求而进行的调整,对后代有深远的影响。

儒家主张礼治,强调传统的伦常关系,是其核心思想中最有价值的观念,以至于如今在某种意义上说它是国学(传统文化)的代名词,是国学的核心与主体。

二、中国古代文学

(一)古代诗歌

中国文学源远流长,蔚为大观。《诗经》是我国现存第一部诗歌总集。它分为风、雅、颂三个部分,共305篇,开创了中国现实主义文学的先河,对中国两千多年来的文学,特别是诗歌的发展,产生了极其深远的影响。

战国时期伟大的爱国诗人屈原创造了"楚辞体"诗歌,其代表作是《离骚》,这是屈原吸收南方民歌精华,融化古代神话传说而撰成的我国古代第一篇长诗,突出地表现了深切的爱国之情和浪漫的精神气质,它在中国文学史上占有重要地位。

汉代文学最有代表性的体裁是"汉赋"和"乐府"。汉赋名家有枚乘、司马相如、扬雄、班固、张衡等。汉代乐府是由官府名称变为一种带有音乐性的诗体名称。《乐府诗集》是汉武帝时由乐府采集民间诗歌选编配乐而成的诗集,真实而又深刻地反映了汉代社会生活和人民的思想情感,其中《孔雀东南飞》是我国古代长篇叙事诗的艺术典范。

魏晋南北朝时期的文学以诗歌成就最大。以"三曹"(曹操、曹丕、曹植)、"建安七子"(王粲、孔融等)为代表的诗人,直接继承了汉乐府诗的现实主义精神,体现出当时的社会风貌和苍凉刚劲的风格,后世誉为"建安风骨"。东晋的陶渊明最先用诗歌的形式反映田园生活,被称为"田园诗人"。谢灵运则是第一个大力写作山水诗的人。南朝乐府民歌中的抒情长诗《西洲曲》和北朝乐府民歌中的叙事长诗《木兰辞》,分别代表南北朝民歌的最高成就。魏晋南北朝时期的笔记体小说也极具特色,其代表作是刘义庆的《世说新语》。

唐代诗歌空前繁荣,名家辈出。李白被称为"诗仙",杜甫被誉为"诗圣",王昌龄、王维、孟浩然、高适、岑参、刘禹锡、白居易、李贺、杜牧、李商隐等都是著名的诗人。唐代格律诗字句固定、形式规范,讲究对偶、平仄、押韵。传奇小说也在唐朝产生,如陈鸿的《长恨歌传》、李朝威的《柳毅传》等。

(二)词

晚唐五代,词已成为与诗并行的新诗体,《花间集》是中国第一部文人词总集。宋词分为豪放派和婉约派,其中婉约派的代表人物有柳永和李清照,豪放派的代表词人是苏轼和辛弃疾。

(三)古代散文

中国文学史上第一部记叙文和议论文的总集是《尚书》,它是古代历史文献和部分追述古代事迹著作的汇编。先秦散文包括诸子散文和历史散文。诸子散文以论说为主,如《论语》《孟子》《庄子》;历史散文是以历史题材为主的散文,如《左传》《国语》《战国策》。

西汉时期司马迁的《史记》把传记散文推到了前所未有的高峰。

唐宋时期，"唐宋八大家"（韩愈、柳宗元、苏洵、苏轼、苏辙、王安石、曾巩、欧阳修）涌现。以桐城派为代表的清代散文，注重"义理"的体现，其代表作家为姚鼐。

（四）古代戏曲

唐朝宫廷专门设立"梨园"作为训练艺人的场所，戏曲以元曲最为著名，元代是元曲的鼎盛时期，杂剧和散曲合称为元曲，是元代文学的主体。关汉卿、马致远、郑光祖、白朴被称为"元曲四大家"，其中关汉卿位于元曲四大家之首。代表作有关汉卿的《窦娥冤》、马致远的《汉宫秋》、白朴的《墙头马上》等。元曲三要素包括唱（唱词）、科（动作）、白（对白）。

清代各种声腔所代表的地方文化百家争艳，形成了昆腔、高腔、柳子腔、梆子腔、皮黄腔五大声腔体系。清代中叶，"四大徽班"进京后形成了中国戏剧的代表剧种——京剧。广为流传的剧目有《四郎探母》《武家坡》《群英会》《空城计》等。

（五）古代小说

先秦两汉时期是古代小说的萌芽时期。代表作有《精卫填海》《女娲补天》《夸父逐日》。

魏晋南北朝时期是古代小说的发展期。这一时期，我国小说粗具规模，代表作有刘义庆的《世说新语》、干宝的《搜神记》。

唐代是古代小说的成熟期。唐代传奇的出现标志着我国古典小说的成熟。代表作有元稹的《莺莺传》、李朝威的《柳毅传》、白行简的《李娃传》、陈鸿的《长恨歌传》。

宋代出现了白话小说——话本，代表作有《错斩崔宁》《三国志平话》。

明代是白话小说蓬勃发展的时代。《三国演义》（罗贯中）和《水浒传》（施耐庵）的相继问世，标志着中国小说史进入了一个新的阶段。《三国演义》是小说史上的第一部长篇历史小说；《水浒传》是第一部描写农民起义的作品；《西游记》（吴承恩）是第一部长篇神魔小说；《红楼梦》（曹雪芹）是我国古代长篇白话小说的高峰。清代蒲松龄的《聊斋志异》是我国古代文言短篇小说的高峰。

任务四　中国古代科技文化与书画艺术

任务引入

　　李约瑟博士在《中国科学技术史》序言中所言：中国人在公元三世纪到十二世纪之间保持着一个西方人望尘莫及的科学知识水平。英国学者罗伯特·坦普尔的《中国：发明与发现的国度》中介绍了中国的 100 个"世界第一"。请按小组搜集整理中国古代的科技发明。

理论知识

了解中国古代的科技文化,会讲述中国的四大发明,了解中国的书法与绘画艺术。

一、中国古代科技文化

(一)中国的四大发明

1. 造纸术

在植物纤维纸出现以前,世界各文明古国用来书写、记载文字的材料都是非常原始的,如用羊皮、泥板或树叶,古代中国人则用龟甲、兽骨、象牙、金石、竹简、木片和绢帛,这些材料或过于昂贵,或过于笨重,都不是理想的书写工具。

在西汉时期,古人就用丝絮制成薄片,叫"絮纸",这标志着我国造纸术的萌芽。东汉时期,蔡伦在吸收前人经验的基础上,改进了造纸术,用树皮、麻头、破渔网等为原料,造出了质地较细、价格低廉、便于书写、用途广泛的纸,人称"蔡侯纸"。魏晋时,纸代替了竹木简、绢帛,被人们普遍使用。

隋唐时,造纸手工业遍及全国,造纸的原料扩大到用藤和桑皮等。唐代宣州造的宣纸,非常便于写字、作画、印书,有易于保存、经久不脆、不会褪色等特点,故有"纸寿千年"之誉。南宋时我国南方已盛产竹纸,而且开始用稻、麦草造纸。

2. 印刷术

印刷术被称为人类"文明之母",这是中华民族对世界文明的又一重大贡献。在技术操作方式上,印刷术可分为雕版印刷术和活字印刷术两种类型。

雕版印刷术是把文字、图形等反刻在一整块木板或其他材料的平面板片上,然后在板上加墨、安纸、刷印。它的源头可以追溯两种更为古老的中国传统技术:一是刻碑和传拓的技术,二是刻印章的技术。雕版印刷术在唐朝日臻成熟,用来大量印刷书籍。刻印于868年的《金刚经》,是我国发现最早的标有确切年代的雕版印刷品。

3. 火药

火药源于我国古代为长生不老而制仙药的炼丹术。唐代名医、炼丹家孙思邈在他的书中提出将硫黄、硝石、木炭制成药粉用以发火炼丹的配方,这说明最迟在唐朝初期就已发明了火药。

到唐朝末期火药开始在军事上运用。宋代出现了"霹雳炮""震天炮"等火器,宋代曾公亮等人所编著的《武经总要》中记载了最早的火药兵器,还列有三种火药配方。南宋时期,射击性的管形火器也被发明制造出来,如突火枪,这些火器实际上是现代枪炮的前身。当然,火药的发明,除用于军事外,更多用来生产爆竹和烟花,为平民百姓在喜庆节日增添欢乐气氛。约在 13 世纪，火药经蒙古人传到阿拉伯，而欧洲人在与阿拉伯人的战争中学会火器的制造与使用，从而改变了欧洲历史进程。

4. 指南针

相传早在黄帝与炎帝作战时，黄帝就首造指南车来辨认方向。战国时，我国人民已发现了磁石吸铁和指示南北的现象，造出了指南器具——司南。北宋时期，出现了以人工磁化法制造的指南鱼和指南针，沈括曾对指南针进行了深入的研究，还发现了磁偏角。南宋时，人们又把磁针安在刻有方位的罗盘上，使用更为方便。

指南针在中国古代主要被堪舆家们用于相宅相墓，同时也被用于航海及其他，大大促进了航海事业的发展。在 12—13 世纪，罗盘针由海路传入阿拉伯，后传入欧洲，为近代欧洲航海家的一系列远航和地理大发现提供了条件。

（二）中国的科技成就

1. 天文历算

中国是世界上天文学起步较早、发展较快的国家之一。我国古代天文学的成就大体可归纳为三个方面，即天象观测、仪器制作和编订历法。

我国最早的天象观测，可以追溯到几千年前。无论是对太阳、月亮、彗星、恒星，还是日食、月食、太阳黑子、日珥及流星雨等罕见天象，都有着悠久而确切的记载，其观察仔细、记录精确、描述详尽，举世罕见，具有很高的科学价值。《诗经》中有中国历史上第一次有确切日期的日食记录。《春秋》中保存了世界上关于哈雷彗星的最早记录。哈雷彗星每 76 年回到太阳附近一次，而中国又是每一次都拥有记录的唯一国家。战国时期的《甘石星经》是世界上最早的天文学著作，书中记录 800 多个恒星的名字，并划分其星官，测定了其中 121 颗恒星的位置，其体系对后世测定研究颇有影响。《汉书·五行志》中有世界公认的较早的黑子记录。唐代一行和尚在世界上第一次测量出地球子午线长度，他通过观察发现了恒星位置移动现象。我国丰富而准确的观测记录是同先进的观测仪器分不开的。我国最古老、最简单的天文仪器是圭表，用来度量日影的长短。东汉张衡发明了世界上第一台利用水力转动的浑天仪，发明了世界上最早测定地震方位的仪器——地动仪。张衡写有《浑天仪图注》和《漏水转运浑天仪》等著作，奠定了我国天文仪器制造的基础。宋代苏颂等人设计制造的水运仪象台把观测天象的浑仪、演示天象的浑象和报时装置巧妙地结合在一起，它的一套动力装置"可能是欧洲中世纪天文钟的直接祖先"。元朝郭守敬先后创制和改进了十多种天文仪器，如简仪、高表、仰仪等。

古人勤奋观察日月星辰的位置及其变化，主要目的是通过观察这些天象，掌握它们的规律，用来确定四季，编制历法，为生产和生活服务。相传在远古时代就已经制定出我国历史上最早的一部历法《黄帝历》。到了夏代，又制定出以阴历正月为岁首的《夏小正》，这是现代阴历的起源。到了商周时代，为适应农业生产发展的需要，开始使用阴阳合历，设置闰月以调整历差。西汉落下的《太初历》是我国现存第一部较为完整的历法，奠定了后世历法的根本要素。南北朝时期祖冲之的《大明历》和唐朝一行的《大衍历》都是当时最优秀的历法，记录下不少重大改革和天文学上的先进成果。元代郭守敬集前代历法之大成，制定《授时历》，这是中国古代使用时间最长，也是最精确的历法。它以 365.2425 天为一年，与国际通行的公历《格里高利历》完全相同，但却早了 300 年。

2. 数学

要制定精确的历法，就得精于计算，于是数学伴随着天文学发展起来。中国数学的萌芽期可追溯至四千多年前，据战国《尸子》甲骨文中数字的写法记载："古者，锤为规、矩、准、绳，使天下仿焉。"这说明当时已有"圆、方、平、直"等形状的概念。商代甲骨文的自然数已经使用十进位制，而先秦的八卦学说是古老的二进位制。此外，西周贵族子弟要求学习"六艺"，其中就有"数"；西周时的商高是见于著述的中国古代第一位数学家。春秋时，九九乘法口诀成为士人的普通知识，分数的概念开始出现。

两汉初期出现了一批重要的算学著作和学者，标志着中国算学的正式形成。此后一千年间，中国算学在许多方面居于世界领先地位。两汉的《周髀算经》是我国现存最早的天文历算和数学著作，书中有比较复杂的分数运算和开平方方法，还最早提出了勾股定理。东汉的《九章算术》是我国古代最重要的数学著作，它系统地总结了我国从先秦到东汉初年的数学成就，特别是其中负数的概念以及正负数的加减法运算法则，是具有世界意义的成就。《九章算术》的出现，标志我国古代数学体系的形成。三国时期的刘徽对《九章算术》所作的注本是中国数学史上的重要文献，他最早提出十进小数的概念。

南朝祖冲之在世界上第一次把圆周率的数值精确到小数点后第 7 位，他还准确提出了球体积公式的推算原理，被称为"祖氏原理"。祖冲之及其子祖日恒的数学成就基本总结在《缀术》一书中。珠算是中国数学的一项重大发明，大约成熟于宋元时期，长期以来深受欢迎，至今仍在使用。

3. 农学

作为一个古老的农业大国，中国在农业科技方面的成就是很大的。中国是水稻、小麦、大豆、苎麻的原产地，是世界上较大的果树原产地之一，也是世界上最早植桑养蚕的国家，丝绸享誉世界。

早在新石器时代，中国就形成了"南稻北粟"的农业局面。春秋战国时期，中国已确立了耕作与时令的关系，按季节种庄稼，不违农时，大兴农田水利，有了整套田间灌溉系统，都江堰就是一个成功的范例。此时出现的牛耕是我国农业史上的农用动力的一次革命，从此，铁犁牛耕逐步成为中国传统农业的主要耕作方式。

秦汉时期出现了耦犁与耧车。汉代还有龙骨水车，这是比较先进的灌溉和排水机械。汉代在南方有了双季稻。在土地多的地方，还推广轮作制。西汉晚期氾胜之所著的《氾胜之书》一般被认为是我国最早的一部农书。

北魏贾思勰的《齐民要术》，总结了农业生产技术和经验，记载了谷物、蔬菜瓜果和树木种植法、牲畜饲养法、养鱼法以及各种酿造法、食物贮藏法等，是我国现存最完备的农书。

唐朝出现了筒车和曲辕犁。曲辕犁操作灵活，既便于深耕，也节省畜力，犁耕至此基本定型。陆羽的《茶经》是世界上第一部茶叶专著，他本人被尊为"茶圣"。

元代王祯所著的《农书》是一部从全国范围内对整个农业进行系统研究、总结中国农业生产经验的综合性农学巨著，书中图文并茂地介绍了农业生产工具，颇具特色。

明朝徐光启的《农政全书》基本上囊括了古代农业生产和人民生活的各个方面,书中贯穿着治国治民的"农政"思想,是一部集古代农学之大成的著作。

4. 医学

中国医学对人的生理与病理的认识,形成了独特的理论,鲜明地反映了中华民族的智慧和生存发展的能力。中医学是我们的国宝,也是世界珍贵的遗产。至今仍以其丰富的文化内涵、卓越的临床疗效、天然药物和自然疗法,无损伤、毒性与副作用较少等特点,符合当今"人类回归自然"的趋势,日益受到世界各国人民的普遍欢迎。

1) 中医理论体系

中医独特的理论体系核心是整体观、综合观念和辨证施治。中医学认为人体是一个有机的整体,人体各部器官功能是息息相关、互相协调、互相影响的,局部疾病会影响全身,全身病变呈现于某个局部,人体生病就是整体失调所致。人的精神状况与疾病也是休戚与共的,所谓"惊伤心、怒伤肝"就是此理。因此,中医强调"治病须治人",心理治疗至关重要。

中医学十分重视人与自然的统一性,即"天人合一",用构成万物的"气",把人的生命活动与大自然联系在一起,认为"百病生于气""气治则安,气乱则病"。当人体生理活动与自然环境不协调时,就产生了疾病。

对疾病要辨证施治,就是要对症下药治疗。战国的扁鹊首创望、闻、问、切"四诊法",成为中医诊疗的基本方法。通过系统观察了解,进行"阴、阳、表、里、寒、热、虚、实"的所谓"八纲"综合、分析、归纳,辨证疾病的部位、原因、性质、邪正之间的关系以及个体的差异特点,将疾病概括判断为某种"证",然后针对性地进行治疗。

中医治疗疾病的具体方法种类繁多,内容丰富,且各具特色,主要有药物疗法、针灸疗法、推拿疗法、外治疗法(药熨、敷贴、熏洗、刮痧、整复等)、饮食疗法、意疗法等。

2) 中华名医与名著

《黄帝内经》约成书于战国至秦汉时期,是我国现存最早的一部医书,全面系统地论述了人与自然的关系,人的生理、病理、诊断、治疗、预防、养生等。为中医学奠定了理论基础,历来被中医界奉为理论经典,至今仍有指导意义。

东汉的《神农本草经》是我国第一部完整的药物学著作。东汉张仲景开创了中医临床辨证论治的先河,被尊为"医圣",代表作有《伤寒杂病论》。东汉华佗是一位精于外科手术、针灸及内、妇、儿各科的名医,被人誉为"神医华佗"。其发明的"麻沸散",可全身麻醉施行腹腔手术,这是世界医学史上的创举。他还创造一套"五禽戏",即人模仿虎、鹿、熊、猿、鸟的动作,能治病养生,强壮身体。这在保健医学上有很高的价值。

西晋王叔和的《脉经》是我国现存最早的脉学专著。皇甫谧总结了前代针灸疗法的经验,著成《针灸甲乙经》,是我国第一部针灸学专著。

唐朝比较重视医务工作,唐太宗首办世界上第一座医校,比欧洲早 200 年。官府组织编写的《唐本草》是世界上第一部由国家编定颁布的药典,比欧洲早 800 多年。唐朝孙思邈的《备急千金要方》总结了前代医家的医学理论和治疗经验,被誉为"东方医学圣典",其本人被尊为"药王"。

北宋医学家王惟一主持监制了两具刻有经脉腧穴的针灸铜人,作为针灸的教学、考试之用。南宋时期宋慈的《洗冤集录》是我国第一部系统的法医学著作,比西方完成的法医专著早350多年,对法医学的发展有很大贡献。

金元时期,出现了各有创建的以刘完素、张从正、李杲、朱震亨为代表的四大医学流派,他们被称为"金元四大家"。

明朝李时珍的《本草纲目》,对前代药物进行了全面总结,是当时世界上内容最丰富、考订最详细的药物学著作。

(三)其他科技成就与科技成果

两汉人民首创"井渠"(后世受此影响形成的坎儿井)法,是在旱地采用的一种节水技术;东汉南阳太守杜诗发明"水排",利用水力鼓风冶铁,比欧洲早1000多年;北魏郦道元的《水经注》是古代地学史上最系统、最完备的水文地理著作,具有很高的史学、文学、地理学价值。

北宋沈括的《梦溪笔谈》内容包括天文、数学、物理、化学、生物、地质、地理、气象、医药、农学、工程技术、文学、史事、音乐和美术等,还详细记载了毕昇发明活字印刷的故事,被誉为"中国科学史上的里程碑"。

明朝宋应星的《天工开物》详细记录总结了各地农业、手工业的生产技术,是中国古代科技的集大成之作,被誉为"中国17世纪的工艺百科全书"。

明朝徐弘祖与王士性都是足迹几乎踏遍全国的旅行家。徐弘祖是世界上第一个研究岩溶地貌的人,他的《徐霞客游记》是我国最早的一部野外考察记录和优秀的地理著作。王士性是中国人文地理学的开山鼻祖,著有《五岳游草》《广游志》《广志绎》三部地理著作。

二、中国的书画艺术

(一)文字与书法

书法是最具中国特色而西方没有的传统艺术,它深刻地反映着中华民族的文化精神和审美情趣。书法的产生和发展与"文房四宝"(笔墨纸砚)有密切的关系,更得于象形汉字的形态。书法起源于汉字,汉字造型与表现的有机结合,成为书法艺术的基本特征。

中国的文字起源很早。最早的有系统记录的文字是殷商时代的甲骨文。这些刻在龟甲和兽骨上的文字,虽然记录的是商朝统治者占卜的情况,但甲骨文已是完整的文字体系。从甲骨文的结构来看,已体现线条美、单字造型的对称美,标志着中国书法艺术的产生。从甲骨文发展到铸在青铜器上的文字叫"金文",又叫"钟鼎文""铭文"。"金文"字划丰腴,体势凝重,《毛公鼎》《散氏盘》等铭文是其代表作。

春秋战国时期,毛笔开始在书法上广泛应用,从尚存的"石鼓文"拓片看,笔画遒劲凝重,结构茂密浑厚。秦始皇时,下令"车同轨,书同文",小篆成为最初的规范汉字。秦始皇巡幸各地时,李斯等人用小篆书写的各种颂扬秦始皇丰功伟绩的刻石,如《泰山刻石》《琅琊台刻石》《会稽刻石》等,标志着中国书法艺术进入了新的阶段。篆书虽在后来逐步退出日常书写的舞台,但是由于它的字体优美,始终受书法家的青睐,又因为其笔画复杂,形式奇古,所以在印章篆刻领域大放光彩。

隶书的形成时间大约在战国晚期,成熟于汉代,它是对小篆的进一步简省,讲究蚕头雁尾、波磔分明,具有浓重的装饰趣味。隶书上承篆书,下启楷书,用笔通行草,提高了汉字的书写效率,是汉字书写的一大进步,也是书法史上的一次革命。隶书不但使汉字的形体结构从此基本上固定下来了,而且为以后各种书体流派奠定了基础。汉隶的代表作有《衡方碑》《张迁碑》《曹全碑》《礼器碑》《石门颂》等。

草书有章草、今草、狂草之分,始于汉初,是隶书、楷书的快写。汉朝的张芝被誉为"草圣"。唐朝的张旭、怀素擅长狂草,有"张癫素狂"之说。张旭的狂草作品有《古诗四帖》等,他也有"草圣"之誉。

楷书又称正书、真书,是从汉隶和章草中蜕变出来的一种书体,特征是笔画平直,结构整齐,字体方正,既美观又便捷,融艺术与实用于一体。楷书的出现,标志着汉字的方块化已经定型,汉字的字体演变已经成熟。东汉末年的钟繇堪称楷书之祖,他和王羲之合称为"钟王",对后世影响极大。魏晋南北朝时的楷书多用方笔,字的转折撇捺都见棱见角,字形朴拙,结构紧密,硬挺有力,称为"魏碑",代表作有《龙门二十品》《张猛龙碑》等。楷书的鼎盛期在唐代,书家辈出,风格多样,世人以"唐楷"称之。欧阳询、颜真卿、柳公权与元代的赵孟頫并称为"楷书四大家",欧阳询的《九成宫醴泉铭》,颜真卿的《多宝塔碑》《麻姑仙坛记》,柳公权的《玄秘塔碑》《神策军碑》历来受学书者推崇。

行书是介于草书与楷书之间的一种字体,以简易为宗旨,实用性强,便于流行。东晋王羲之的《兰亭集序》被誉为"天下第一行书",他被后人尊为"书圣";王羲之和他的儿子王献之被后人称为"二王",对后世书法影响甚大。颜真卿的行书作品《祭侄文稿》也是书法史上的名篇。北宋苏轼、黄庭坚、米芾、蔡襄书法的主要成就也体现在行书上,人称"宋四家"。

(二)中国画

中国画又称国画,在题材上有人物画、山水画、花鸟画之分,在技法上又可分为工笔画和写意画两种。由于国画的装裱极为考究,人们常以装裱后的款式分为立轴、手卷、扇面、斗方、册页等。中国画不单纯拘泥于外表形似,更强调神似。它以毛笔、水图、宣纸为特殊材料,建构了独特的透视理论,大胆而自由地打破时空限制,具有高度的概括力与想象力。

1. 中国画的进程

中国画历史悠久,可以远测到新石器时代,远古稚拙的岩画、流丽多姿的彩陶纹饰、狞厉神秘的青铜纹饰,已经确定了中国绘画艺术整体着眼、以线为主、平面构图的基本原则。战国时期的帛画《龙凤人物图》是今天可以看到的最早的古代绘画实物。秦汉时期的绘画已具备了鲜明的民族特征,流传后世的主要是壁画、画像砖、画像石。

魏晋南北朝时期,绘画作为一门独立的艺术出现,一批士大夫和文人相继积极参与绘画活动,出现了我国历史上第一批有记载的著名画家。三国东吴的曹不兴是第一个画佛像的画家。东晋的顾恺之在我国绘画史上第一个明确提出"以形写神"的主张,他专尚画人物,代表作有《女史箴图》《洛神赋图》。

中国绘画发展到隋唐,取得了令后世惊叹的艺术成就,其中最为突出的,一是以敦煌莫高窟为代表的壁画,二是涌现了一批蜚声中外的艺术大师。在人物画方面,有初唐的阎立本,其代表作有《步辇图》《历代帝王图卷》等。中唐最负盛名的画家是吴道子,他的画风格奔放,注重线条笔法,有"吴带当风"之誉,代表作有《送子天王图》等,被后人尊为"画圣"。张萱和周昉开创了仕女画。山水画在魏晋南北朝仍作为背景,附属于人物画,隋唐始独立,如展子虔的青绿山水,李思训的金碧山水,王维的水墨山水,王洽的泼墨山水等。隋朝展子虔的代表作是《游春图》。王维倡导"诗中有画,画中有诗",形成诗书画为一体的独特风格,被后人奉为文人画的始祖。

五代十国的西蜀和南唐,宫廷之中设有"图画院",是中国历史上正式设立画院的开端。南唐顾闳中善画人物,《韩熙载夜宴图》是其传世佳作。荆浩、董源是山水画家的代表。

北宋时的画院日趋完备,"画学"也被正式列入科举之中,这是中国历史上宫廷绘画最为兴盛的时期。山水画名家有李成、范宽、郭熙等,花鸟画的代表画家是黄筌、徐熙和崔白,张择端的《清明上河图》把北宋民俗画推向高潮,在美术史上享有盛名。宋徽宗赵佶也擅长工笔山水和花鸟。北宋文人画声势渐起,主张即兴创作,不拘泥于物象的外形刻画,要求达到"得意忘形"的境界。苏轼、文同的墨竹皆以意趣为长,米芾、米友仁父子则善于运用水墨横点,以表现烟雨迷蒙的景象,被称为"米点山水"。南宋的李唐、刘松年、马远、夏圭号称"南宋四家"。

元代文人画盛行,绘画的文学性和对于笔墨的强调超过了以前的所有朝代,书法趣味被进一步引申到绘画的表现和鉴赏之中,诗、书、画进一步结合起来,体现了中国画的又一次创造性发展。其最重要的画家有赵孟頫、元四家(黄公望、倪瓒、王蒙、吴镇)等。

明代出现了一些以地区为中心的名家与流派,如以戴进为代表的浙派,以沈周、文徵明为首的吴派,以董其昌、陈继儒等人为代表的松江派等。明代花鸟画派有以徐渭、陈淳为首的"水墨写意派"和以周之冕为代表的"勾花点叶派"。较有特色的人物画家是陈洪绶,代表作有版画《九歌图》《水浒叶子》等。

清代早期,"四王"(王时敏、王鉴、王翚、王原祁)画派占据画坛的主体地位,此外则有以"四僧"(石涛、朱耷、髡残、弘仁)为代表的遗民画家,石涛的山水画成就最高,朱耷的花鸟画笔墨简练,有时满幅大纸只画一鸟或一石,寥寥数笔,神情毕具,用夸张的手法来寄托自己的思想感情。清代中期,在扬州出现了以扬州八怪(金农、郑燮等)为代表的文人画派,追求个性,力主创新,对近现代的绘画影响极大。

另外,明清时期的版画和年画也大为流行,版画随着市民文学的兴盛达到鼎盛,木版年画也达到高峰。

2. 中国画的分类与特点

中国画按绘画技法可分为工笔画(细笔)、写意画(粗笔)及半工笔半写意画。按题材可分为人物画、山水画、花鸟画。按照装裱后的款式分为立轴、手卷、扇面、斗方、册页等。

其特点为形神兼备,以形写神;立意在先,构图灵活;虚实结合,浓淡相宜;诗、书、画、印相结合。

任务五　中国共产党的发展历程、重大事件及成功经验

任务引入

　　1934 年 10 月,由于王明"左"倾教条主义的错误领导,以及敌强我弱,中央革命根据地第五次反"围剿"战争遭到失败,红军主力开始长征。1936 年 10 月,红军三大主力胜利会师,历时两年的长征结束。红军长征辗转 14 个省,突破几十万敌军的包围封锁,历经曲折,战胜了重重艰难险阻,是人类近现代战争史上,凡人谱写的英雄史诗。

　　根据你所了解的红军长征中的故事,说一说中国共产党的"长征精神"有哪些?

理论知识

　　了解中国共产党的发展历程,掌握中国共产党历史上的重大事件,掌握中国共产党的成功经验。

一、中国共产党的发展历程

中国共产党的发展历程大致可以分为以下九个阶段。

(一)大革命时期(1924—1927 年)

1921 年,在马克思主义同中国工人运动相结合的过程中,中国共产党诞生了。1924 年,在中国共产党的影响和推动下,在国共合作的条件下,反帝反封建的大革命运动迅速席卷全国。

1925 年的五卅运动标志着全国范围的革命高潮的到来,为举行讨伐北洋军阀的革命战争奠定了群众基础。北伐战争是在中国共产党提出的反帝反封建的口号下进行的,随着北伐的胜利进军,党领导的工农运动迅猛发展,动摇了帝国主义、封建势力在中国的统治基础。

1927 年,由于大资产阶级的叛变和共产党内发生陈独秀投降主义的错误,大革命遭到了失败。

(二)土地革命战争时期(1927—1937 年)

1927 年大革命失败后,面对国民党新军的残暴统治,中国共产党实行土地革命和武装起义的总方针,以毛泽东为代表的中国共产党人,逐步把党的工作重心由城市转移到农村,建立了农村革命根据地,开辟了农村包围城市、武装夺取政权的道路。

1934 年,由于第五次反"围剿"斗争的失败,红军被迫实行战略转移——长征。1935 年 1 月 15 日至 17 日召开的遵义会议,纠正了党内的"左"倾错误,确立了以毛泽东为代表的马克思主义路线的领导地位,这次会议成为党历史上生死攸关的转折点,标志着党从幼年走向成熟。1936 年 10 月,党领导红军取得了长征的伟大胜利。

(三)抗日战争时期(1931—1945 年)

1931 年,侵华战争爆发,中国共产党制定抗日救国纲领,提出全面抗战的路线和持久战的战略方针,为争取抗日战争的胜利指明了道路。党领导的八路军、新四军及其他抗日人民武装深入敌人后方,发动人民群众,开辟敌后抗日根据地,建立抗日民主政权,根据地军民逐步成为抗日战争中的中流砥柱。在抗日战争进入相持阶段后,我党同国民党顽固派的反共妥协逆流进行有理、有利、有节的斗争。1945 年,我国取得抗日战争的伟大胜利,为国际反法西斯战争的胜利做出了不可磨灭的贡献。

(四)解放战争时期(1946—1949 年)

1946 年 6 月,国民党发动全面内战。人民解放军在中国共产党的领导下,挫败国民党的军事进攻,并转入战略进攻。党领导人民解放军进行辽沈、淮海、平津三大战役,消灭国民党赖以维持其反动统治的主要军事力量。

党的七届二中全会为夺取全国胜利和成立新中国做了政治上、思想上的准备。人民解放军渡江作战,解放南京,宣告了国民党反动统治的覆灭,中国共产党领导的反帝反封建的新民主主义革命,取得了伟大的胜利。

(五)社会主义过渡时期(1949—1956 年)

1949 年 10 月,中华人民共和国成立,中国历史从此开始了新的纪元。在党的总路线指引下,我国大规模地开展了有计划的经济建设,在全国绝大部分地区基本上完成了对生产资料私有制的社会主义改造,促进了生产力的发展,奠定了我国社会主义工业化的初步基础。

(六)社会主义建设道路的探索时期(1957—1965 年)

这一时期,中国共产党进行了全面的社会主义建设,虽然取得了伟大的成就,但在主客观因素的影响下,也出现了阶级斗争扩大化和经济建设中的"左"倾错误。

（七）"文化大革命"时期(1966—1976 年)

长期在"以阶级斗争为纲"的路线指导下,以及林彪、江青两个反革命集团的破坏,出现了"文化大革命"历时十年的全局性内乱,使我国的社会主义建设遭受了严重挫折和损失。

（八）拨乱反正时期(1976—1978 年)

1976 年粉碎"四人帮"后,1977 年,党的主要领导人坚持"两个凡是"的错误思想,使社会主义建设处于徘徊不前的局面。1978 年,党的十一届三中全会重新确立了解放思想,实事求是,团结一致向前看的思想路线,并开始了全面的拨乱反正工作。

（九）改革开放与现代化建设时期(1978 年至今)

1978 年,党的十一届三中全会做出了实行改革开放的重大决策。这是新中国成立以来党的历史伟大转折,开启了我国改革开放的新时期,让科学社会主义在 21 世纪焕发新的生机,使中国在短短 30 多年里摆脱贫困并跃升为世界第二大经济体,创造了人类历史上惊天动地的发展奇迹,使中华民族焕发新的蓬勃生机。

二、中国共产党历史上的重大事件

（一）中国共产党的成立

1921 年 7 月 23 日,中国共产党第一次全国代表大会在上海法租界望志路 106 号开幕,出席会议的有毛泽东、何叔衡、董必武、陈潭秋、王尽美、邓恩铭、李达、李汉俊、包惠僧、张国焘、刘仁静、陈公博、周佛海 13 人,共产国际代表马林、尼克尔斯基也出席了会议。大会宣告了中国共产党的成立,制定了我党的第一个纲领。规定了党的奋斗目标是"建立无产阶级专政""消灭资本家私有制""达到共产主义"。大会选举了中央领导机构,由陈独秀担任中央局书记。

1922 年 7 月 16 日至 23 日,党的"二大"在上海召开,开幕式地点是英租界内成都路辅德里 625 号。大会宣言明确提出了党的最高纲领和最低纲领,最高纲领指出中国共产党是中国无产阶级的政党。它的目的是要组织无产阶级,用阶级斗争的手段,建立劳农专政(即无产阶级专政)的政治,铲除私有制,渐次达到一个共产主义的社会。最低纲领指出,消除内乱,打倒军阀,建设国内和平;推翻国际帝国主义的压迫,达到中华民族的完全独立;统一中国成为真正的民主共和国。这是党在中国近代革命史上第一次明确地提出彻底的反帝反封建的民主革命纲领,为中国各族人民的革命斗争指明了方向。

（二）北伐战争、南昌起义

1926 年 2 月,中国共产党向全国人民明确提出的出兵北伐推翻军阀统治的政治主张。

1926 年 7 月 9 日,蒋介石就任国民革命军总司令,进行北伐誓师,共产党直接领导的叶挺独立团在湖南和湖北战场一些关键性的战役,如汀泗桥、贺胜桥和武昌战役中英勇搏杀,建立了重大功勋。1927年4月12日,蒋介石公开发动了反革命政变,即"四一二"反革命政变。汪精卫和蒋介石决裂,北伐陷于停顿。宁汉合流后,国民革命军继续北伐,并在西北的冯玉祥和山西的阎锡山加入下,于1928年攻克北京,致使北洋奉系的张作霖撤往东北,并被日本人刺杀于皇姑屯,其子张学良宣布东北易帜。至此北伐完成,中国实现了形式上的统一。

1927年4月12日和7月15日,蒋介石、汪精卫先后在南京和武汉发动"清共"后,中共中央在汉口召开了临时政治局常委会议,决定利用共产党掌握和影响下的国民革命军在南昌举行起义,并指派周恩来为起义领导机关前敌委员会书记。1927年8月1日,中国共产党领导部分国民革命军在江西省南昌市举行了武装起义。在周恩来、贺龙、叶挺、朱德、刘伯承的领导下,中国共产党打响了武装反抗国民党反动派的第一枪,揭开了中国共产党独立领导武装斗争和创建革命军队的序幕。

(三)八七会议、秋收起义

八七会议是第一次国内革命战争失败以后,在关系党和革命事业前途和命运的关键时刻,中共中央政治局于1927年8月7日在汉口召开的紧急会议。会议批判和纠正了陈独秀右倾机会主义错误,正式确定了实行土地革命和武装起义的方针,并把领导农民进行秋收起义作为当前党的最主要任务,指明了今后革命斗争的正确方向,为挽救党和革命做出了巨大贡献。中国革命从此开始由大革命失败到土地革命战争兴起的历史性转变。

1927年9月,中国共产党在湖南、江西边界文家市镇领导发动农民武装起义——秋收起义。八七会议后,毛泽东受中共中央的委派,以中共中央特派员的身份前往长沙,领导湘赣边秋收起义。秋收起义把党的工作重点转向农村。在参加秋收起义的工农革命军向农村转移途中,到达江西永新三湾时,中国共产党前敌委员会决定改编部队,也就是历史上著名的"三湾改编"。"三湾改编"确立了党对军队的绝对领导,是我党建设新型人民军队最早的一次成功探索和实践。10月3日,起义部队离开三湾村,开始向井冈山进军。10月27日,起义部队到达井冈山的茨坪,开创了中国共产党领导下的第一个农村革命根据地。

(四)红军长征、遵义会议

1934年10月,第五次反"围剿"失败后,中央主力红军为摆脱国民党军队的包围追击,被迫实行战略性转移,退出中央根据地,进行长征。1936年10月,红军三大主力会师,标志着万里长征的胜利结束。中国工农红军的长征是一部伟大的革命英雄主义史诗。它向全中国和全世界宣告,中国共产党及其领导的人民军队是一支不可战胜的队伍。

1935年1月15日至17日,中共中央在遵义召开了政治局扩大会议。会议的主要议题是总结第五次反"围剿"的经验教训,会议决定改组中央领导机构,增选毛泽东为政治局常委,取消博古、李德的最高军事指挥权,仍由中央军委主要负责人周恩来、朱德指挥军事。

遵义会议结束了王明"左"倾冒险主义在党中央的统治,确立了以毛泽东为核心的新的党中央的正确领导和毛泽东在红军和党中央的领导地位。遵义会议挽救了党,挽救了红军,挽救了中国革命,是中国共产党生死攸关的转折点。

(五)百团大战、三大战役

1940年下半年,彭德怀指挥八路军对华北地区河北山西的日伪军发动了一次进攻战役,参战兵力达105个团,史称百团大战。百团大战是抗战时期中国工农红军主动出击日军的一次规模最大的战役,在战略上有力地支持了国民党正面战场。这次大战是抗日战争中我军参加兵力最多、规模最大、时间最长的一次战役。

三大战役是指1948年9月至1949年1月,中国人民解放军同国民党军进行的战略决战,包括辽沈战役、淮海战役、平津战役三场战略性战役。三大战役的胜利,奠定了人民解放战争在全国胜利的基础,是我军由战略防御转入战略进攻的转折点。

(六)中华人民共和国成立

1949年10月1日下午2时,中国人民政治协商会议第一届全体会议选举产生的中央人民政府委员会在勤政殿举行第一次会议。会议一致决议选举毛泽东为中央人民政府主席,宣布中华人民共和国中央人民政府成立,接受《中国人民政治协商会议共同纲领》为施政方针;下午3时,北京30万群众齐集天安门广场,举行隆重的开国大典。毛泽东主席在天安门城楼上向全世界庄严宣告:"中华人民共和国中央人民政府今天成立了!"向世界宣告中华人民共和国成立。

新中国成立后,中国共产党提出,新中国的第一个五年计划要集中主要力量发展重工业,相应地发展交通运输业、轻工业、农业和商业,为国家的工业化打下坚实的基础。在推进社会主义工业化的同时,我们党领导人民实行了对农业、手工业和民族资本主义工商业的社会主义改造,创造性地走出了一条适合中国国情的社会主义改造道路。到1956年,随着社会主义改造的完成,社会主义基本经济制度和其他基本制度在中国大地逐步建立起来了。社会主义制度的建立,实现了中国历史上最深刻、最伟大的社会变革,规定了中国社会前进的方向:走社会主义道路,实现国家的富强和人民的共同富裕。

(七)党的重要会议

党的七大:中国共产党于1945年4月23日至6月11日在延安召开了第七次全国代表大会。大会号召全党发扬三大作风,带领全国人民为实现党的任务而斗争。大会通过了毛泽东《论联合政府》的政治报告、朱德《论解放区战场》的军事报告和刘少奇《关于修改党章的报告》,总结了武装斗争、统一战线和党的建设经验,深刻地论述了进行新民主主义革命的"三大法宝"以及党的三大作风——理论和实践相结合、密切联系群众、批评和自我批评。确定以马克思列宁主义与中国革命实践相统一的毛泽东思想作为全党一切工作的指针。

党的八大:中国共产党第八次全国代表大会于1956年9月15日至27日在北京政协礼堂召开,大会完全肯定了党中央自七大以来的路线是正确的,同时正确地分析了社会主义改造基本完成以后,中国阶级关系和国内主要矛盾的变化,确定把党的工作重点转向社会主义建设。大会提出生产资料私有制的社会主义改造基本完成以后,国内的主要矛盾不再是工人阶级和资产阶级之间的矛盾,而是人民对于建立先进的工业国的要求同落后的农业国的现实之间的矛盾,是人民对于经济文化迅速发展的需要同当前经济文化不能满足人民需要的状况之间的矛盾。八大是探索中国自己的建设社会主义道路的良好开端。

十一届三中全会:1978年12月18日至22日,中国共产党第十一届中央委员会第三次全体会议在北京举行。会议的中心议题是讨论把全党的工作重点转移到社会主义现代化建设上来。十一届三中全会从根本上冲破了长期"左"倾错误的严重束缚,端正了党的指导思想,使广大党员、干部和群众从过去盛行的个人崇拜和教条主义束缚中解放出来,在思想上、政治上、组织上全面恢复和确立了马克思主义的正确路线,结束了1976年10月以来党的工作在徘徊中前进的局面,将党领导的社会主义事业引向健康发展的道路。党的十一届三中全会揭开了党和国家历史的新篇章,是新中国成立以来我党历史上具有深远意义的伟大转折。

党的十二大:中国共产党第十二次全国代表大会于1982年在北京召开,大会一致通过了《中共中央关于经济体制改革的决定》。这个决定阐明了以加快城市发展为重点的整个经济体制改革的必要性、紧迫性,规定了改革的方向、性质、任务和各项基本方针政策,是指导我国经济体制改革的纲领性文件。大会明确提出建设有中国特色的社会主义的重大命题和小康社会战略目标,改革开放由此全面展开。

党的十四大:中国共产党第十四次全国代表大会于1992年10月12日至18日在北京举行。大会指出,社会主义市场经济体制是同社会主义基本制度结合在一起的。确立了邓小平建设中国特色社会主义理论在全党的指导地位,这是十四大最突出的特点和最重要的贡献。

党的十五大:中国共产党第十五次全国代表大会于1997年9月12日至18日在北京召开。大会通过了关于《中国共产党章程修正案》的决议,把邓小平理论确立为中国共产党的指导思想并载入党章,明确规定中国共产党以马克思列宁主义、毛泽东思想、邓小平理论作为自己的行动指南。中国共产党第十五次全国代表大会高举邓小平理论伟大旗帜,总结了我国改革和建设的新经验,把邓小平理论确定为党的指导思想;把依法治国确定为治国的基本方略;把坚持公有制为主体、多种所有制经济共同发展,坚持按劳分配为主体、多种分配方式并存,确定为我国在社会主义初级阶段的基本经济制度和分配制度。党的十五大对建设有中国特色的社会主义事业的跨世纪发展做出了全面部署。

党的十六大:中国共产党第十六次全国代表大会于2002年11月8日至14日在北京召开。大会的主题是高举邓小平理论伟大旗帜,全面贯彻"三个代表"重要思想,继往开来,与时俱进,全面建设小康社会,加快推进社会主义现代化,为开创中国特色社会主义事业新局面而奋斗。大会指出中国共产党是中国工人阶级的先锋队,同时是中国人民和中华民族的先锋队,并选举胡锦涛为中央委员会总书记。

党的十八大:中国共产党第十八次全国代表大会于2012年11月8日在北京召开。会议明确了科学发展观是党必须长期坚持的指导思想,并写入党章,制定了坚持走中国特色社会主义政治发展道路和推进政治体制改革前进方向的方针,提出了全面建成小康社会的目标。胡锦涛同志在十八大报告中强调,坚定不移走中国特色社会主义道路,夺取中国特色社会主义新胜利是我们毫不动摇的行动纲领。

党的十九大：2017年10月18日，中国共产党第十九次全国代表大会在人民大会堂开幕。大会通过了关于《中国共产党章程（修正案）》的决议，将习近平新时代中国特色社会主义思想写入党章。这次大会的主题是：不忘初心，牢记使命，高举中国特色社会主义伟大旗帜，决胜全面建成小康社会，夺取新时代中国特色社会主义伟大胜利，为实现中华民族伟大复兴的中国梦不懈奋斗。党的十九大，是在全面建成小康社会决胜阶段、中国特色社会主义发展关键时期召开的一次十分重要的大会，承担着谋划决胜全面建成小康社会、深入推进社会主义现代化建设的重大任务，事关党和国家事业继往开来，事关中国特色社会主义前途命运，事关最广大人民的根本利益。

三、中国共产党的成功经验

（一）坚持马克思主义基本原理与中国具体实际相结合

坚持马克思主义必须始终坚持马克思主义基本原理同中国具体实际相结合，坚持科学理论的指导，坚定不移地走自己的路。这是总结我们党的历史得出的最基本的经验。

（二）立足人民群众

在任何时候、任何情况下，与人民群众同呼吸共命运的立场不能变，全心全意为人民服务的宗旨不能忘，坚信群众是真正英雄的历史唯物主义观点不能丢。

（三）加强党的建设

必须始终自觉地加强和改进党的建设，始终保持和发展党的先进性，不断增强党的创造力、凝聚力和战斗力，永葆党的生机和活力。办好中国的事情，关键在我们党。

实践操作

分享当地的红色旅游资源

🎯 活动目的

了解当地的红色旅游资源，加强爱国主义教育。

✈ 活动要求

充分准备、小组合作。

📋 活动步骤

小组准备资料—组内练习—班级分享。

活动评价

小组评价、自我评价、教师评价。

拓展提升

思考在旅游资源开发中，如何更好地开发红色旅游资源。

项目小结

中国是文明古国，历史悠久，文化灿烂，中华民族是世界文明古国中唯一没有中断其文化历史的民族，为人类的发展史做出了巨大贡献。作为旅游工作者，我们必须掌握祖国的历史文化基本知识，充分利用这一丰厚独特的资源，做好服务工作，吸引游客。

项目训练

一、单选题

1. 提出"民贵君轻"思想主张的是战国时期的思想家（　　）。

A. 墨子　　　　　　B. 孔子　　　　　　C. 孟子　　　　　　D. 荀子

2. 用于识别、区分氏族，实行族外婚，即其作用是"别婚姻"的是（　　）。

A. 字　　　　　　　B. 名　　　　　　　C. 姓　　　　　　　D. 氏

3. 在我国古代传说中，"钻木取火"的始祖是（　　）。

A. 庖牺氏　　　　　B. 燧人氏　　　　　C. 神农氏　　　　　D. 有巢氏

4. （　　）总结了武装斗争、统一战线和党的建设的经验，深刻地论述了进行新民主主义革命的"三大法宝"以及党的三大作风——理论联系实际、密切联系群众、批评和自我批评。

A. 八七会议　　　　B. 遵义会议　　　　C. 党的七大　　　　D. 党的二大

5. 俗称"金不换"的中药材是（　　）。

A. 虫草　　　　　　B. 鹿茸　　　　　　C. 三七　　　　　　D. 人参

二、多选题

1. 中国共产党经过不懈努力获得成功的主要经验有哪些？（　　）

A. 坚持马克思主义基本原理与中国具体实际相结合

B. 立足人民群众

C. 加强党的建设

D. 发展军事战略

E. 实现同步富裕

2. 下列选项中,属于唐代时中国传到非洲和欧洲的技术是(   )。

A. 中医医术　　　　　B. 制瓷术　　　　　　C. 观象术　　　　　　D. 纺织术

3. 下列对我国古代天文学成就的描述中,正确的是(   )。

A.《诗经》中记载了中国历史上第一次有确切日期的月食记录

B.《春秋》保存了世界上关于哈雷彗星的最早记录

C.《汉书·五行志》中有世界公认的较早的黑子记录

D. 隋朝一行和尚在世界上第一次测量出地球子午线长度,他通过观察发现了恒星位置移动现象

E. 战国时期的《甘石星经》是世界上最早的天文学著作,书中记录了800多个恒星的名字,并划分其星宿与体系,对后世发展颇具影响

4. 下列(   )为"竹林七贤"的代表诗人。

A. 阮籍　　　　　B. 曹植　　　　　　C. 嵇康　　　　　　D. 王粲　　　　　E. 孔融

5. 下列属于中医的治疗方法的是(   )。

A. 拔罐　　　　　B. 针灸　　　　　　C. 推拿　　　　　　D. 刮痧　　　　　E. 手术

6. "楷书四大家"包括唐代书法家(   )和元代书法家赵孟頫。

A. 柳公权　　　　B. 颜真卿　　　　　C. 张旭　　　　　　D. 怀素　　　　　E. 欧阳询

7. 中国画的艺术特点是(   )。

A. 形神兼备,以形写神　　　　　　　B. 立意在先,构图灵活

C. 虚实结合,浓淡相宜　　　　　　　D. 色彩鲜艳,琳琅满目

8. 下列各组天干地支名称中,完全由天干组成的有(   )。

A. 丁、戊、辛、癸　　B. 丙、子、壬、午　　C. 甲、寅、乙、卯　　D. 戊、庚、乙、癸

9. 下列节气中,不属于二十四节气的有(   )。

A. 重阳　　　　　B. 雨水　　　　　　C. 端午　　　　　　D. 秋分

10. 中国古代科举考试中的"连中三元"是指(   )。

A. 胪元　　　　B. 状元　　　　　C. 闱元　　　　　　D. 会元　　　　　E. 解元

三、判断题

1. 古代对死去的帝王、大臣、贵族按其生平事迹评定后,给予褒贬或同情的称号。属于同情的有哀、怀、愍、悼等。(   )

2. 中国画在汉代以前,是以人物画为主要题材,但到了唐代,山水画开始独立。(   )

3. 党领导人民解放军进行辽沈、淮海、平津三大战役,沉重地打击了日军的主要军事力量。(   )

能力训练

以小组为单位,实地考察或网上搜集广汉三星堆博物馆、成都金沙遗址博物馆、杜甫草堂、武侯祠四个景区的相关知识,挖掘景区的文化,形成展示PPT,并在全班分享。

项目三
中国的宗教文化

项目目标

职业知识目标：

1. 宗教文化概述及对旅游的意义。

2. 中国的佛教文化。

3. 中国的道教文化。

4. 中国的伊斯兰教文化。

5. 中国的基督教文化。

职业能力目标：

1. 通过宗教文化的学习，开阔学生的视野，拓宽学生的知识面，让学生了解宗教的形式和特点，提高文化水平。

2. 通过对四大宗教的学习，让学生能够更加科学地认识宗教现象和宗教文化。

3. 通过宗教诞生过程、发展过程及宗教教义的讲述，开阔学生的视野，培养学生纵向思维的能力。

4. 通过对宗教景点的学习，让学生可以在景点讲解的时候融入宗教文化内容，让游客正确了解宗教文化。

职业素养目标：

1. 培养学生导游职业的兴趣和社会责任感。

2. 拓宽学生的知识面。

3. 树立正确的价值观念。

知识框架

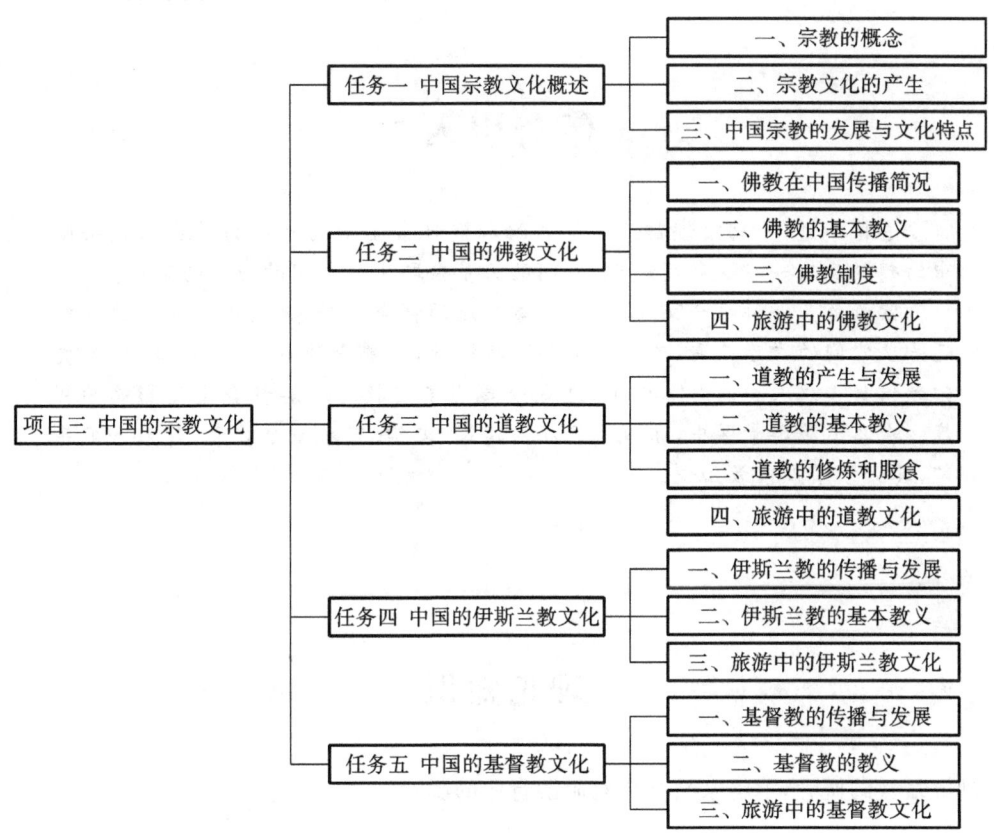

项目导入

　　小张在带团参观某一寺庙的时候,有游客问道:"为什么在佛教的寺院里面还有供奉关羽的神像呢?"小张一时说不上来,弄得场面十分尴尬。我们以前在说旅游的时候会这么形容:白天看庙、晚上睡觉。宗教文化在游览过程中起着非常重要的作用,导游人员必须具备较为专业的宗教文化知识。

　　案例分析:关羽是三国时期蜀汉的历史人物,为刘备手下的大将,以刚正不阿的个性出名,之后在北攻曹魏时被孙权杀害。其后民间信仰将关羽奉之为神,尊称其为"关公",用来驱逐危险,至北宋时被纳入人们膜拜的道教神祇。而佛教因为普及后逐渐民间化,融合各种信仰,也把关羽当作守护寺庙的神祇,称为伽蓝神,一般供奉在寺庙的钟楼。

任务一 中国宗教文化概述

任务引入

恩格斯说，一切宗教都不过是支配人们日常生活的外部力量在人们头脑中幻想的反映。在这种反映中，人间的力量采取了超人间的力量的形式。

宗教作为一种社会文化现象，有着广泛的社会基础，无论是从时间的延伸还是从空间的广度来看，都十分重要。据统计，目前全球60多亿人口中，各类宗教信徒占总人口的2/3以上，这充分表明了宗教对人类社会文化影响的程度。在各大旅游景区中，宗教文化涵盖建筑、文学、艺术多个方面，作为一名导游，其必须掌握宗教知识。

理论知识

理解宗教的概念，了解宗教文化对旅游行业的影响。

一、宗教的概念

宗教是人类古老的意识形态之一。人类宗教观念的产生可追溯到远古时代。宗教作为一种普遍的历史文化现象，是支配人们的自然力量、社会力量以超自然、超人间的形式在人们的头脑中的反映，也是相信、崇拜这种特殊意识形态的社会实体。

宗教观念的演化，一般会经历自然崇拜、图腾崇拜、祖先崇拜、鬼神崇拜等阶段。逐渐再形成有一定体系的原始宗教，进而发展成为成熟的宗教。

佛教、基督教、伊斯兰教，合称世界三大宗教。亚洲，特别是东南亚许多国家的人们信奉佛教，泰国等国家还以佛教为国教，新加坡、朝鲜、日本、中国以及欧美亚裔中，亦有较多的佛教信徒；基督教在欧美各国有很高的地位；阿拉伯地区的人们普遍信仰伊斯兰教。

二、宗教文化的产生

从古至今，宗教活动与旅游活动总是紧密联系的。中国历史上许多重要的宗教活动家也是旅行家。宗教信徒的求法、弘法、参修，信众的朝圣、朝名山，是古代旅游的主要内容。

文人学士寻仙访道、平民百姓烧香赶会,也是旅游活动的重要组成部分。当前以宗教文化观光活动为内容的旅游项目正蓬勃兴起,祭黄陵、拜孔庙、朝拜妈祖,让海外游子回归故土;世界学者、旅游者对藏传密宗寺院与文化的考察,对汉传禅宗文化及祖庭的考察,到曲阜对儒教文化的考察,上武当山、青城山对道家文化的考察,及其他的宗教考察,不断地增强着人们对中华传统文化魅力的向往。而各种各样的庙会、朝山会,更集聚了四面八方的游人。宗教旅游巨大的潜力,正等待人们去开发。

旅游工作者要了解一个国家、一个民族的社会生活、历史文化、心理素质、个性特征等,就必须了解它的宗教。只有把宗教作为一种普遍的文化现象,多角度、多方面探索,才能深入了解人类发展史的真实面貌,才能正确继承和发扬人类的宝贵文化遗产。

三、中国宗教的发展与文化特点

(一)中国宗教的现状

中国宗教有别于其他国家的宗教。欧洲封建时代,基督教得到充分发展,教会控制着政权,教廷的权力至高无上,高于皇权。宗教超越哲学,超越科学,垄断社会经济、政治、文化和民众生活的方方面面。在阿拉伯半岛,政教合一的伊斯兰教也占有绝对的统治地位。中国是个多宗教并存的国家。历史上各个朝代的统治者对宗教大多采取兼容并蓄,既利用又保持一定距离的政策。

当代中国几个主要宗教中,只有道教产生于本土,其余都是历史上从国外传入的。无论何种外来宗教,只要传入历史悠久的中国,都要与传统文化相融合,形成具有民族特色的宗教及其教派和学说,否则便无法在中国社会扎下根。

因此,我国汉族宗教信仰有两个明显的特点:其一是对各宗教采取兼收并容的态度,外来宗教如佛教、基督教、伊斯兰教都被部分汉人接受。道教是中国本土宗教,拥有较多信徒,但在道教发展过程中也吸收了佛教等外来宗教的"营养"。其二是任何外来宗教都必须地方化、民族化才能立足、生存和发展。

和世界上许多国家一样,中国的宗教具有显著的民族性。我国除汉族外,其余55个少数民族的宗教信仰现状大致如下。

西北地区的回族、维吾尔族、哈萨克族、柯尔克孜族、塔吉克族、乌孜别克族、塔塔尔族、东乡族、撒拉族、保安族10个少数民族信仰伊斯兰教;西藏、青海、内蒙古、四川、甘肃等地的藏族、蒙古族、裕固族等,信仰佛教中的藏传佛教。两广及云贵川等地的白族、壮族、布依族、侗族、畲族、纳西族、彝族、羌族、满族、朝鲜族等,以信仰大乘佛教为主;云南地区傣族、德昂族、阿昌族、布朗族、佤族等,以信仰小乘佛教为主;东北地区的俄罗斯族、鄂温克族等少数民族信仰基督教中的东正教;信仰道教的少数民族有毛南族、瑶族、仫佬族。

此外,我国也有不少民众信仰基督教中的天主教和新教。许多少数民族也有自己本民族的宗教信仰。

(二)中国宗教文化的特点

在中国,宗教文化曾经是科学技术得以滋生和发展的依托和条件,也曾作为人民大众反抗压迫的精神支柱,起到过实现民族整合、维护国家统一的作用。

中国古代宗教所包甚广,从远古时代的自然崇拜、图腾崇拜,到夏、商、周三代的天地崇拜、祖先崇拜,进而衍变出来的对君师的崇拜,到汉魏以后广为流传的佛道二教,凡此均属于中国古代宗教。

中国古代文化从原始宗教产生,本土宗教道教形成,到外来宗教佛教、伊斯兰教、基督教的先后传入,一直没有出现一种宗教全面统治意识的局面,即没有形成所谓的"国教",而是诸教并存,多神崇拜,互相吸收,彼此相通,及至你中有我,我中有你,异中有同,同中有异。在中国老百姓眼里,物物是神,处处有神,时时有神。

中国的传统文化向来以儒道文化为主流。儒道文化一阴一阳,对立互补。佛、道两教在唐、宋以来与儒家思想合流以后,儒释道三教互补,形成一套既影响士大夫阶层,又深入民间阶层的观念体系。

任务二 中国的佛教文化

任务引入

小李在带团经过乐山大佛的时候,有游客问道:"这是如来佛祖吗?"请你运用所了解的佛教文化知识,为游客介绍一下乐山大佛吧。

理论知识

了解佛教的产生与发展、佛教的派别,掌握佛教传入中国的路线、佛教的教义、供奉对象、礼节,认识与佛教有关的旅游景点知识。

一、佛教在中国传播简况

(一)佛教的产生

世界三大宗教中,佛教创立最早,传入中国也最早。创立时间大约在公元前 6 世纪,相当于中国春秋时期。佛教创始人乔达摩·悉达多(公元前 565—公元前 486 年,与孔子同时代)属释迦族,刹帝利种姓,是古印度中天竺净饭国的太子。相传其父净饭王 50 岁无子,母亲摩耶 45 岁时梦六牙白象从右胁入腹,遂怀孕。生太子前,她按当地风俗回娘家,四月初八,行至蓝毗尼花园时,在一棵无忧树下生下太子。传说太子诞生时有龙吐水为他沐浴,所以四月初八佛诞日又叫浴佛节,届时各寺庙都要举行隆重的纪念活动和浴佛典礼。傣族地区的泼水节也是由此演化而来的。太子成长为学问渊博、击技精专、智勇超群、文武双全的英俊青年,娶了美丽的公主耶输陀罗为妻,并生下了儿子罗睺罗,过着无忧无虑的生活。但是在太子随父出宫以后,目睹了人们生老病死的许多痛苦,为寻求解脱人生痛苦的真谛,他舍弃豪华的宫廷生活,出家修道。经过 6 年异常艰辛的苦修,没有寻找到解脱的方法。太子来到尼连禅河,用清水洗去 6 年的积垢,接受牧女送的牛乳,恢复了精力。在菩提树下静坐深思,洞悉了宇宙人生的真理,悟道成佛。太子悟道的地方叫菩提伽耶,菩提是梵语"觉悟"的意思。悟道以后,太子首先来到鹿野苑,为他从前的仆从宣讲自己悟道的真理,被称为初转法轮。太子悟道后,人们尊称他为释迦牟尼,意为释迦族的圣人。之后,释迦牟尼建立了教团组织,在恒河流域游化布道,直到 80 岁时到了拘尸那迦城。他感到自己的生命走到了尽头,于河中沐浴后,便在双树林中的绳床上枕着右手,左手放左股侧,进入寂灭。各地所塑卧佛,取的就是佛涅槃时的姿态。

蓝毗尼花园、菩提伽耶、鹿野苑、拘尸那迦,合称佛祖四大圣迹。

(二) 佛教传入中国

中国佛教源于北传、南传、藏传三条路线,继承了印度四个时期的佛教,并有所发展,形成三个派系。佛教诞生于印度,发扬光大却是在中国。

第一是北传佛教:自古印度经丝绸之路传入中国,再由中国传入朝鲜、日本和越南。属于北传大乘佛教,其经典主要属于汉语,也称汉语系佛教。汉族地区的佛教是由印度北传形成的,属汉语系,也叫汉传佛教,据《三国志》载,西汉哀帝元寿元年有博士弟子秦景宪,受大月氏使臣伊存口授《浮屠经》,史称"伊存授经"。被看作佛教传入中国的开始。东汉永平十年,汉明帝夜梦金体神人,顶有光环,飞在殿前,心中欣喜,派十二使臣去西方寻访。由白马驮回四十二章经,建洛阳白马寺,请印度僧人摄摩腾、竺法兰译经,开创了中国建寺和译经的历史,史称"永平求法"。随着佛经的大量译出,佛教在我国广泛流传。隋唐时期是中国佛教的创新和鼎盛时期,佛教与中国文化结合,形成了许多具有中国特色的宗派。佛教思想的影响,深入社会、政治、文化、生活的各个方面,成为中国哲学的主流。汉传佛教主要宗派有三论宗、天台宗、慈恩宗(法相宗或唯识宗)、华严宗、律宗、密宗、净土宗和禅宗。其中,对中国文化思想和知识分子影响最大的是禅宗,在民间拥有众多信众的是净土宗。中国禅宗创始人为菩提达摩。中国禅宗的重要传人五祖弘忍,开创"东山法门",其弟子神秀、慧能分别开创禅宗的南北两宗。北宗不久衰落,提倡顿悟成佛的南宗兴旺发达,成为禅宗主流,以后发展成临济、沩仰、曹洞、云门、法眼五家。临济宗后又分为杨岐、黄龙二派,合称"五家七宗"。六祖慧能被看作中国禅宗的集大成者。所谓中国特色的佛教,即禅宗。净土宗又叫念佛宗,以往生西方极乐世界为目的,修习净土宗不必对深奥的佛理深入探究,只要专精念诵阿弥陀佛名号,即可往生,简单易行,因此,受到广大信众的欢迎。明清以来,"禅净双修"成为佛教的主流,无论什么宗派的寺院,几乎都有念佛堂。

第二是南传佛教:自古印度向南传入斯里兰卡和缅甸、泰国等东南亚国家以及中国云南傣族地区,属南传小乘佛教。经典主要用巴利语,也称巴利语系佛教,教徒重实践。云南地区的佛教来源于南传的小乘佛教,属巴利语系。分布在西双版纳、德宏、思茅、保山等地。西双版纳的小乘佛教受泰国佛教影响较大,大致兴起于隋唐时期,在宋代有所发展,元明清时期进入鼎盛。德宏地区小乘佛教受缅甸影响较大,大约16世纪中叶后由缅甸传入。云南小乘佛教对傣族、布朗族、德昂族、阿昌族等少数民族的政治文化、生活习惯有深刻影响。和泰国一样,傣族男子必须出家当一段时间的和尚,没有当过和尚的男子没有社会地位。小乘佛教保持早期佛教传统,重视禅定、修学精进、保持如法如律。他们特别崇拜佛牙、舍利、佛塔、菩提树等与释迦牟尼有关的纪念物。这一地区最盛大的节日是泼水节。

第三是藏传佛教:7世纪时由印度密乘佛教传入,与藏区苯教融合而形成具有西藏地方特色的宗教,俗称喇嘛教,经典主要用藏语,也称为藏语系佛教。藏传佛教传入分前弘期、后弘期。7世纪到9世纪,佛教在西藏的第一次传播,史称前弘期;10世纪至15世纪,佛教第二次在西藏兴起,史称后弘期。7世纪,藏王松赞干布迎唐朝文成公主进藏,佛教从汉地传入西藏。在这之前,尼泊尔尺尊公主也把印度密教从尼泊尔带入西藏。至9世纪,赞普朗达玛灭佛兴苯,佛教在西藏的传播中断。10世纪后期,佛教再次从印度传入,迅速发展,西藏佛教逐渐形成自己的系统和派别。藏传佛教以大乘佛教为基础,吸收印度密教和原始苯教的教理。派别主要有宁玛派、萨迦派、噶当派、噶举派和格鲁派,分布于西藏、青海、内蒙古、四川、甘肃等地的藏族、蒙古族、裕固族、羌族等少数民族中。宁玛的意思是"古"或"旧",宁玛派相传为前弘期佛教传人莲花生大师所创,僧人穿红色僧装,戴红帽,该教派又俗称红教。萨迦寺庙有红白黑三色花纹,象征文殊、观音、金刚手菩萨,因而萨迦派又俗称花教。该派在四川的"德格印经院",是现存最大的印经院。噶举派注重口头传授,僧人穿白衣,俗称白教,是继萨迦之后,西藏第二个政教合一的教派,其黑帽系最早创立活佛转世制度。噶当派重视戒律和经典,尊阿底峡为祖师,僧人戴黄帽,俗称黄教。15世纪初,宗喀巴改革佛教,在噶当派基础上创立格鲁派,格鲁派被称作"新黄教"或"黄教"。10世纪,在清王朝的扶助和支持下,黄教成为掌管西藏政教合一的统治力量。黄教又分为达赖和班禅两大系,分别掌管前藏和后藏的政教事务。

二、佛教的基本教义

(一)佛教的教义

佛教教义最基本的可以归纳为三法印、四圣谛、十二因缘。

三法印指的是"诸行无常,诸法无我,涅槃寂静"三个准绳,用于印证佛教、衡量判断佛教真伪。"诸行无常"指世间一切事物都在永不停息的变化中,刹那生灭,流徙不住,没有永恒实有之物。"诸法无我"分为"人无我""法无我"。其中"我"指实体,"人无我"认为人的生命由"色、受、想、行、识"五种因素集聚而成,称之为五蕴或五阴。"色"为物质,地水火风为其四大基本元素;"受、想、行、识"为心理和精神。生命因缘而起,流转变化,没有独立存在的常住的实体性"我"。"法无我"认为万有存在,皆无实体,事事物物,都由内因外缘等内外因素结合而成,缘聚则显,缘散则空。又说"心生种种法生,心灭种种法灭",精神物质有互动消长关系,没有常住的实体"我"。"涅槃寂静"指熄灭生死轮回一切烦恼后,到永恒的、绝对的、清净的圆满境界,是佛教追求的最高目标。

谛即真理,四圣谛即苦、集、灭、道四个神圣真理。佛教认为人生充满痛苦,这个真理叫苦谛。有生、老、病、死、爱离别、怨憎会、求不得、五蕴炽盛"八苦"的说法。一切痛苦都由烦恼、迷惑集聚、所造恶业引起,集是苦因,苦是结果,这个真理叫集谛。烦恼中最根本的是贪嗔慢痴疑,贪即贪婪,嗔指愤恨,慢指骄慢,痴指愚痴,疑指不信正理,概括为"烦恼障"。迷惑主要指各种错误和偏邪的知见,又称为"所知障"。人的业行包括身、口、意三业,有善恶之分。身业指人身进行的各种活动,口业指人的言语活动,意业指人的思虑、意志活动。灭除烦恼惑乱,可获得解脱生死的涅槃境,这个真理叫灭谛。灭除烦恼必须修道,这个真理叫道谛。修行方式包括正见、正思维、正语、正业、正命、正精进、正念、正定,叫八正道,是修道应遵循的最基本原则。戒、定、慧三学则为修行的基本内容。

因即原因,缘即条件。佛教认为一切事物的产生都有原因,都需要条件。生命是连续的,过去世生命是现在世生命的原因,现在世生命是过去世生命的结果;现在世生命又是未来世生命之因,又引起未来世生命之果。生命因果体现在十二个递进的因果关系中,它们是无明、行、识、名色、六入、触、受、爱、取、有、生、老死,这叫十二因缘。

(二) 佛教的供奉对象

佛教不信奉神灵,崇拜对象是取得修行成果的人,根据修行所达到的觉悟程度,崇拜对象分为三等,即佛、菩萨和罗汉。佛为梵语佛陀(Buddha)的音译,意为觉者。佛所获得的觉为自觉、觉他、觉行圆满。菩萨为梵语菩提萨埵(Bodhisattva)的音译,意思是觉有情,即能使有情者觉悟。故菩萨获得的觉为自觉、觉他,略次于佛。罗汉为梵语阿罗汉(Arhat)音译,意思是杀烦恼贼。罗汉能灭除自己的烦恼,达到自觉境界,应受人天的供养。受到民众信奉的佛,除释迦牟尼外,还有阿弥陀佛、药师佛、弥勒佛等。寺院供奉时常见的佛有三身佛、三方佛、三世佛等。

三身佛分别代表佛的本性、德业和肉身。法身佛梵语译音为毗卢遮那佛,意思是大日如来。佛的法身如日当空,遍一切处,清净圆满,代表佛的法界本体。报身佛名叫卢舍那佛,表示惑尽智满,是佛修行所得果报之身。应身又叫化身,指佛为救度众生,随缘显现的各种身形,即释迦牟尼的生身。

三方佛为三个空间同时存在的佛。佛经把我们生活的这一空间叫娑婆世界,充满众苦,有释迦牟尼佛行教化。在我们东方的琉璃世界,有药师琉璃光王佛行教化。在西方的极乐世界,有阿弥陀佛行教化。

三世佛表示佛的传承关系。燃灯佛或迦叶佛是释迦牟尼之前的佛,未来接替释迦牟尼的是弥勒佛。

佛教传入中国后,中土的信徒从众多的菩萨中选出三位,组成"三大菩萨",又称"三大士",即文殊菩萨、普贤菩萨和观音菩萨。后来又加上了地藏菩萨,变成"四大士"。文殊代表大智,普贤代表大行,观音代表大悲,地藏代表大愿。中国的信徒们为他们建立了各自的道场:山西五台山的文殊道场,浙江普陀山的观音道场,四川峨眉山的普贤道场和安徽九华山的地藏道场,故称为"佛教四大名山",而且从明代起就有"金五台、银普陀、铜峨眉、铁九华"之说。

历史上修行获得罗汉果的人很多。我国寺院供奉的罗汉中,最多见的是十六罗汉、十八罗汉、五百罗汉等。佛典中有十六罗汉的记载,但无十八罗汉之说。10世纪,张玄和贯休在十六罗汉的基础上增加庆友、宾头卢,画十八罗汉像。以后,觉苑和苏东坡又有诗颂赞,十八罗汉之说遂风行。康熙年间康熙帝钦定十八罗汉,改庆友与宾头卢为降龙、伏虎。现在许多佛寺都在大殿两侧供十八罗汉。五百罗汉是指五百位获得罗汉果的比丘。《佛五百弟子自说本起经》《妙法莲华经(五百弟子授记品)》等都有关于五百罗汉的记叙。寺庙中供的五百罗汉来历各说不一。一般认为是佛灭度后,由大迦叶主持的第一次佛法结集中与会的五百尊者。

除了佛、菩萨、罗汉以外,佛教寺院还供奉护法神,常见的护法神有四大天王、韦驮和金刚力士。

佛教认为世界的中心是须弥山。须弥山脚有七重香水海,七重金山,金山外是咸水海。咸水海上有四大洲,统管四大洲的有四个天王,他们各护一方天,民间按其所持兵器的功能,将他们的职能理解为风、调、雨、顺。这四大天王为南方增长天王,手持宝剑;东方持国天王,手持琵琶;北方多闻天王,手持宝伞;西方广目天王,手持绳索或龙蛇。

韦驮又作韦天将军,原为婆罗门教的战神,后为佛教吸收,为守护神,成为南方增长天王手下八大将军之一,亲受佛祖法旨,保护东南西三洲的佛教信众(北俱卢洲人,生活过于富裕,不信佛)。

寺院门口一般塑有两个金刚力士,守护山门。左边叫密执金刚,右边叫那罗延金刚。明清以来,受小说《封神演义》的影响,人们把他们称为哼哈二将。

三、佛教制度

(一)佛教的经典和标记

佛教经典被称为"藏","藏"在梵文里指盛东西的匣子,佛教用它概括全部佛教典籍,有如我们今天说的"全书"。全部经典大致分为经、律、论三个部分,称为三藏。经是佛阐发的教义,律是僧侣的戒规,论是阐发经和律的著作。三藏均通晓的高僧被称为三藏法师,三藏合编在一起称大藏经。我国历史上曾有汉、藏、傣、西夏、回纥、满等各族文字翻译的大藏经,现存较完整的大藏经包括巴利文、汉文和藏文。

卍字符是佛教的标记,古代曾被人看作火或太阳的象征,梵文解作"胸部的吉祥标志"。唐朝武则天时定此字读音为"万"。佛教的另一个标记是法轮。因佛之法轮可摧破众生烦恼。

（二）佛教的主要节日

佛教的主要节日有佛诞节和盂兰盆会。

佛诞节也称浴佛法会，是纪念释迦牟尼诞生的节日。各国日期不一，我国以农历四月初八为佛诞节。这一天要在大殿或露天放一盆水，供上数寸高的释迦牟尼像，佛教徒们以各种香水沐浴佛像，以示欢庆和虔诚的供养之心。在我国云南傣族地区，浴佛庆典与傣历新年习俗逐渐合并，演化为每年四月中旬的泼水节。

盂兰盆会也称中元节，是汉地每年七月十五僧自恣日，举行供佛仪式及僧众超度亡灵的法会。盂兰盆（Ullambana）是梵语译音，意思是"救倒悬"，用以救度亡灵倒悬之苦。盂兰盆会起源于梁武帝时代。

（三）佛教礼节与称谓

佛教表达敬礼的方式很多，目前以《大唐西域记·三国》为依据可以分为九个级别，叫做九仪。它们分别是发言慰问、俯首示敬、举手高揖、合掌平拱、屈膝、长跪、手膝踞地、五轮俱屈和五体投地。

最常见的礼节有合十、绕佛、顶礼。合十也称"合掌"，是佛教中特有的表示礼敬的方法。行礼时左右合掌，十指并拢，置于胸前，表示衷心的敬意。绕佛是围着佛按照顺时针方向绕行一周、三周或千百周表示对佛的敬仰。顶礼即通常所说"五体投地"，"五体"指两膝、两肘和头，行礼时先立正双手合十，然后屈膝向下，五体着地，用头去顶触佛足或受礼者之足，因此称顶礼，这是佛教中极高的礼节，在藏传佛教中俗称磕长头。

佛教中把信众分为四类，叫四众弟子。其中，出家两众，在家两众。出家两众称为比丘和比丘尼。比丘指的是出家得度、受过具足戒的男子；比丘尼则是出家得度、受过具足戒的女子。7岁以上20岁以下受过十戒的男子称为沙弥，俗称小和尚。7岁以上20岁以下受过十戒的女子称为沙弥尼，俗称小尼姑。在家两众为优婆塞、优婆夷，在我国通常称为居士。对出家人无论男女老幼均可称师父，当家师父或佛教师长可称和尚。藏传佛教称比丘为喇嘛。对有一定水平的出家人可称法师，通晓经律论三藏经典的叫三藏法师。对一些德高望重的名僧，有时称为大师、尊宿或大德，也可称为长老。根据僧人在寺院中担任的职务不同，其称谓也不同。一寺之主称为住持或方丈。唐朝以后，僧职增多，住持方丈下设东西两序，或称两班，其中负责管理工作的僧人主要有四大班首和八大执事。此外，还有知浴、知殿、知藏及饭头、菜头、火头、水头、钟头、鼓头、锅头、灯头等僧职设立。

（四）佛事

佛事指在佛前举行的佛教的各种仪式，或称法事。佛教内部用以维护佛教传统的佛事最主要的是皈依、剃度、受戒、羯磨、安居、传法、讲经、灌顶等；为信众、施主等修福荐亡的主要法事有水陆法会、忏法、盂兰盆会、普佛、供天、打七等。举行法会为弟子传戒叫授戒。传戒法会是佛教内部较隆重的节目之一。授戒仪式分初坛沙弥、沙弥尼戒；二坛授比丘、比丘尼戒；三坛授出家菩萨戒。授足三坛大戒方为正式大乘出家人。传戒日期一般为30到40

天,有复杂的仪式。按古印度传统,雨季3个月禁止僧尼外出,只能在寺内坐禅修学,这叫安居或坐夏。中国佛教的安居期是农历四月十六日至七月十五日。安居开始叫结夏,结束叫解夏。解夏时要举行自恣羯磨(民主生活会)。水陆法会的全称是法界圣凡水陆普度大斋胜会,是中国佛教中非常隆重的活动,时间少则7天,多则49天。法事期间以各种食品供奉诸佛、菩萨、各路神仙乃至地狱里的饿鬼和众生,并举行诵经礼佛、追荐亡灵等仪式。释迦时代僧团实行乞食制,僧众受信众斋供,信众有丧葬喜庆时,总要斋僧。供斋时,僧人以念诵作为回向,后逐渐形成应付社会的一套有固定仪式的经忏佛事。焰口是佛经中饿鬼的名称,亦名"面然"。为饿鬼施食、度化饿鬼的仪式叫"放焰口"。一般在黄昏举行,也用以追荐死去的亲友。

四、旅游中的佛教文化

佛教在所流传的国家和地区,都留下了丰富的文化遗迹。中国佛教文化遗迹更是遍布全国各地,成为有特殊价值的旅游资源。佛教文化旅游资源主要包括佛教名山、名寺、名窟、名塔等。

中国佛教名山首推"四大佛山",即五台山、峨眉山、普陀山和九华山。五台山位于山西省五台县东北部,与北岳恒山蜿蜒相连,面积约5000平方公里。是文殊菩萨道场,又名清凉山。山之腹地有镇名台怀,其间,大白塔巍然挺立,成为五台山的标志。

五台山建寺历史悠久,早在汉明帝时代,印僧摄摩腾和竺法兰到五台山朝礼,奏请皇帝,于山上建寺。永平十一年建"大孚灵鹫寺"(现显通寺前身),该寺仅比我国第一座佛教寺院——洛阳白马寺晚一年。显通寺、塔院寺、殊像寺、罗睺寺、菩萨顶被称为五大禅处。五台山寺庙众多,文物荟萃,是我国佛教古建筑和艺术珍品的宝库。建于北魏孝文帝时代的佛光寺的建筑、塑像、壁画、墨迹,世称"四绝"。南禅寺为唐代建筑,寺内长寿大殿是我国现存最早的木构建筑。五台山有"清凉佛国"之美誉。

峨眉山又名光明山,位于四川峨眉山市西南,是普贤菩萨道场。《峨眉郡志》谓"云鬟凝翠,鬟黛遥妆,如螓首蛾眉,细而长,美而艳,故名峨眉山"。峨眉山属邛崃山支脉,主峰万佛顶海拔3099米,是四大佛教名山中最高的。其山峰峦叠翠,雄秀幽奇,由著名的峨眉十景:圣积晚钟、萝峰晴云、白水秋风、双桥清音、洪椿晓雨、九老仙府、象池月夜、大坪雾雪、金顶祥光、灵岩叠翠。`

普陀山位于浙江杭州湾以东100海里,是舟山群岛中的一个小岛,面积12.32平方公里,主峰佛顶山海拔288.2米。唐大中年间有印度僧人"亲睹观音显圣"。五代后梁贞明二年,日僧慧锷自五台山请观音像乘船回国,在小岛附近遇阻,于潮音洞下泊舟登岸。山民张氏舍宅为寺,用以供观音,名为"不肯去观音院",这成为普陀山建寺之始。北宋以后寺院渐增,香火日盛,普陀山作为观音道场,渐闻名于世。普陀山地处杭州湾东莲花洋中,景色秀丽奇特。参天古木掩映下,红墙飞檐,梵音袅袅,素有"海天佛国"之美誉。

九华山原名九子山,位于安徽青阳县西南20公里,面积100余平方公里,主峰十王峰,海拔1342米。唐天宝年间,大诗人李白见其山九峰宛若九朵莲花,写诗道:"昔在九江上,遥望九华峰,天河挂绿水,秀出九芙蓉",九华山从此得名。九华山风光秀丽,群峰争奇,石壁嵯峨，密林幽谷，飞瀑流泉，号称"东南第一山"，历代文人墨客留下了许多赞美诗文。山上古刹很多，唐高宗永徽四年，24 岁的新罗国王金乔觉来此修行，传戒于山上化城寺，该寺为山上第一寺庙，以后香火日盛。金乔觉 99 岁圆寂，肉身不烂，被认为是地藏菩萨的化身，人称金地藏。

佛教寺院是佛教文化的汇集之地，保存了大量的佛教文化精品、珍品。白马寺是中国佛教的发祥地，它位于河南洛阳，始建于东汉永平十一年，是中国最早的寺院，被全国佛教信徒视为"祖庭"和"释源"。八宗祖庭是指中国佛教 8 个主要宗派的创始者各自开创或住过的寺院，这 8 个祖庭分别是：天台宗——浙江台州的国清寺；三论宗——江苏南京的栖霞山栖霞寺；法相唯识宗——陕西西安的慈恩寺；华严宗——陕西西安的华严寺和西安鄠邑区的草堂寺；律宗——江苏扬州的大明寺；密宗——陕西西安的大兴善寺和青龙寺；净土宗——江西庐山的东林寺；禅宗——河南登封的少林寺。除了各大名山的佛寺外，有观赏价值的佛寺还有很多。

石窟也是旅游中佛教文化主要展示的形式，中国佛教石窟是古老的佛教建筑，由山崖开凿而成。敦煌石窟、云冈石窟、龙门石窟、麦积山石窟合称为中国"四大石窟"。

敦煌石窟包括甘肃敦煌市境内的莫高窟、千佛洞、榆林窟、西千佛洞，以莫高窟为代表。莫高窟位于敦煌市东南 25 公里处的鸣沙山下，是世界上现存的规模最大，保存最好的由建筑、壁画、泥塑组成的佛教艺术宝库。莫高窟始创于前秦建元二年，而后历代又营修扩建，现存洞窟 490 多个，壁画 45000 平方米，彩塑 2400 多尊，唐宋木结构建筑 5 座。

云冈石窟是中原地区开凿最早的最大石窟群，位于山西大同西 16 公里处的武周山，依山开凿，东西长达 1 公里。现存石窟 53 个，各类造像 5 万多尊，始凿于北魏时期。该窟以气势雄伟、内容丰富的石雕造像闻名于世，其造像精美飘逸，既保存了汉代石刻艺术的风格，又吸收了外来艺术的特点。

龙门石窟位于河南洛阳龙门山和香山之间，始建于北魏时代，以后历代有开凿。现有造像 10 万余尊，90% 以上是北朝及唐代，特别是武则天时代的窟龛。奉天寺为唐代石窟中规模最大、艺术最精美、最具有代表性的石窟，其中的卢舍那大佛最大，也是龙门石窟的象征。龙门石窟的艺术风格有明显的民族化、世俗化倾向，造像丰满端庄，有强烈的生活气息。

麦积山石窟位于甘肃天水东南 45 公里处的麦积山上，摩崖雕刻 194 处，造像 7000 余尊，以敷彩泥塑造像著称于世，有"塑像馆"之美誉。

任务三　中国的道教文化

任务引入

俗话说"拜水都江堰，问道青城山"。某旅行社带领一个团队参观青城山，请在途中为游客们讲解"问道青城山"。

理论知识

了解道教的产生与发展、道教的派别，掌握道教与道家的关系、道教的教义、神仙体系、修炼方式，认识与道教有关的旅游景点知识。

一、道教的产生与发展

（一）道教的产生

鲁迅先生说："中国的根底全在道教。"道教是中国的本土宗教，它的渊源可以追溯到道教的前身——春秋战国时期的"道家"学说。道家认为"道"是超越现实世界一切事物的宇宙最高法则，是万物的本源。"道生一，一生二，二生三，三生万物，万物负阴而抱阳，冲气以为和。"道教还源于春秋战国时期"神仙家"的神仙信仰和成仙方术。于是"修仙得道"便成为道教的根本信仰和最高目标。

原始道教阶段以"五斗米道"和"太平道"为代表。五斗米道的创始人为汉顺帝时的张道陵，某为沛国丰县（今江苏丰县）人。他自幼喜读天文地理及黄老一类书籍，后入太学，博通五经，做过巴郡江州令。他不重功名利禄，弃官归隐。朝廷三次诏请不应，他周游山川，到了江西龙虎山，爱其灵秀，结茅山中。听说蜀人浮朴易化，蜀地山川秀丽，遂入蜀。东汉顺帝时到了蜀中鹤鸣山，在山中修行多年，自称"受太上老君之命为天师"，吸收当地氐羌原始部落的降鬼驱魔巫术，创立五斗米道。张道陵规定入教者必须交五斗米，故名。张道陵用符水咒语为人驱鬼治病，故又称"鬼道"。张道陵被尊为天师，其子张衡为"嗣师"，孙张鲁为"系师"，合称"三师"，所以五斗米道亦被称为天师道。太平道创始人张角，巨鹿人。汉灵帝时期"以善道教化天下"，十余年间发展徒众数十万人，遍布北方青、徐、幽、冀、荆、扬、衮、豫八州。张角利用道家学说提出"苍天已死，黄天当立，岁在甲子，天下大吉"的口号，选定甲子年甲子日起义。起义者戴黄巾，人称黄巾军。经过 10 个月的艰苦战斗，在东汉王朝重兵围剿下失败。以后太平道教被禁止，残余信众大多融入五斗米道。

（二）道教的发展

道教产生后，东汉初平二年益州牧刘焉命张鲁攻汉中。张鲁乘势割据汉中，在汉中地区发展势力，建立政教合一的政权。他自称"师君"，废除官吏，设都讲祭酒、大祭酒、祭酒，层层统管。刘备的五虎上将之一马超，曾经是他的都讲祭酒。张鲁实施新政，设义舍为过往者提供食宿，受到汉族和少数民族拥戴。张鲁在汉中统治约三十年，势力日益强大，甚至能与刘备、孙权抗衡。建安二十年，张鲁与曹操作战，兵败降曹。他将库存一应珍宝财物打上封印，留作国家财产，两袖清风而去。曹操对他的人品十分赞赏，待以厚礼，封他为阆中侯，领镇南将军衔，他的儿子也都封侯。张鲁于建安二十一年死于邺城。东汉末年，其子张盛回到江西龙虎山,在张道陵所筑玄坛旧址建坛传箓。天师道以龙虎山为基地,世代流传。后来寇谦之被太武帝授为国师,他的新天师道兴盛了一百多年。到了隋唐和北宋,唐玄宗开元年间撰成《道藏》,以道教经典为科举考试的特设科目,并设专门讲习道经的学校。北宋影响最大的道派是茅山上清派。其中最著名的是司马承祯和吴筠。司马承祯将隋唐道教的重玄学与上清派存神服气的养生仙术结合,提出"形神双修、神仙可学"的思想。道教在南宋和金元时期开始变革。全真道创始人王哲,号重阳子,由于凿穴而居,号其处为"活死人墓"。弟子众多,其中最有名的是马钰、谭处端、刘处玄、丘处机、王处一、郝大通、孙不二(女)七人,号称"全真七子"。全真道是北宋以后重要道派之一,首先提倡"三教(道、儒、佛)圆融"。宋代,正一派、上清派、灵宝派三大符箓道派在教义上也有许多革新和变化。元代三大教派合并为正一道。

二、道教的基本教义

(一)道教的教义

道教教义十分庞杂,但基本内容可以概括为两个方面。

第一,宣扬"道"是"万物之母"。"道"为万物之母是道教最基本的教义。道教奉老子为最高天神及祖师,以其所著的《道德经》为圣典,道德经中的两个基本概念"道"和"德"便成为道教最根本的信仰。后来道教各派、各经典都把"道"作为最高精神境界加以崇奉,认为"道"是宇宙的本源与主宰,为万物之母,无所不在、无所不包、无时不存,"道"是宇宙万物之中最核心的东西。宇宙由"道"派生,宇宙生元气,元气演化成天地、阴阳、四时、五行,再产生出万物。与道相提并论的是"德"。德者,得也,得于道果谓之德,道之在我就是德。"道"与"德"制约一切,驾驭一切。道教的宇宙观、人生观均以道德为构建基础。道德也成为所有道派的行为准则。

第二,追求长生不老、肉身成仙。道教认为"道"可因修而得,只要认真修炼,就能"使道与生相守,生与道相保,二者不相离","神与道合,谓之得道",得道即可长生不老,成神成仙。

(二)道教的崇奉对象

道教的崇奉对象是一个庞杂的神仙系统。神有尊神、俗神之分,具有权威和超凡能力,享受祭祀;仙由人修炼得道而成,散淡闲适,法力无边,但不一定得要祭祀。整个体系等级森严,各有所职。

道教奉祀的神灵极多,较常见或较有代表性的有"三清""四御""三官""日月五星""四方之神"等等,另外还有许多流行于民间的神也被道教供奉。三清为玉清、上清、太清的合称,是道教崇奉的最高尊神。开辟宇宙的叫元始天尊,其所居为清微天玉清境(玉清宫),元始天尊又称为玉清或天宝君。道观中,玉清戴芙蓉冠,披云霞紫袍,坐三清殿中央。在他左侧的叫灵宝天尊,住禹余天上清境(上清宫),又叫上清或灵宝君;右侧为道德天尊,即太上老君,住大赤天太清境(太清宫),其又被称为太清或神宝君。三清各为教主,统御诸天神,为神王之宗、飞仙之主、宇宙万物的创造者。

四御是四位天帝的合称,分别是勾陈上宫天皇大帝、北极紫微大帝、南极长生大帝、承天效法后土皇地祇。四御的地位仅次于三清。勾陈上宫天皇大帝的职责是辅佐权衡南北两极和天、地、人三才。协助中天北极并主持人间兵革皇权之事。北极紫微大帝协助玉皇大帝掌管天经地纬、日月星辰、四时气候。南极长生大帝协助玉皇大帝执掌,且为四时气候之神。承天效法后土皇地祇是执掌阴阳、生育的女神。

三官又叫三官大帝,指天官、地官、水官,是早期道教的主要神灵。"天官赐福、地官赦罪、水官解厄"之说始于明代。民间亦将天官看做"福神",将其列入福禄寿三星之中。

道教以三元日(正月十五、七月十五、十月十五)为三官诞辰,故三官又名三元大帝,道教也有以黄帝为天官,神农为地官,大禹为水官的说法,有的庙宇三官殿供奉的就是他们三位。

道教视日月星辰为崇拜的神明。太阳是大明之神,男像,以金色太阳为饰。月是夜明之神,女像以白色月光为饰。五星指木、火、土、金、水,又叫五曜,合日月为七曜。二十八宿诸星和北斗也是道教崇拜的星神。朝星拜斗可以消灾免难,增寿添福。诸星神中最受尊崇的是斗姆,许多道观都供奉斗姆。

道教把东方青龙、南方朱雀、西方白虎、北方玄武称为四方之神,又叫四灵。二十八宿中东方七宿呈龙形,为青龙;南方七宿呈鸟形,为朱雀;西方七宿呈虎形,为白虎;北方七宿呈龟蛇形,为玄武。

道教还有很多民间神祇,如航海女神妈祖、文财神为陶朱公、武财神为赵公明、王灵官、关圣帝君等等。

三、道教的修炼

(一)道教的经典和标记

道教创教之初,经籍不多,主要经典即《道德经》,这是道教的根本经典。唐代编成第一部道藏《开元道藏》。该道藏是道教经籍的总集。明代的《正统道藏》和《万历续道藏》共512函,5485卷,收入1476种著作,是中国现存最早的道藏。道藏内容丰富,包罗万象,诸子百家、医、易、占卜、阴阳、五行、数术、方术等无所不收,是我国古代文化遗产的宝贵财富。

道教典籍还包含清规戒律。戒律是约束道士思想言行,防止"恶心邪欲""乖言戾行"的条规。道教初期,戒律简约主旨为戒贪欲、守清静。两晋南北朝时期,道教各派沿袭佛教戒律,吸收儒家纲常观念,制定"三戒""五戒""八戒""十戒"及其他一些戒条,道教戒律渐趋完备。其皈依戒,五戒、八戒的内容与佛教基本相同。金代全真派丘处机开创传戒制度,公开设坛说戒,广收门徒,入道者必须受戒。道教的"初真戒""中极戒""天仙大戒",合称"三堂大戒",须经百天戒期,才能受完。

道教的标记是八卦太极图。

(二)道教的主要节日

道教以各种神和仙以及各派祖师的生日为节日,每逢节日要举行隆重的斋醮,有的还举办庙会集市。道教崇拜的神和仙数量极多,加上各派祖师,因此节日也多不胜数。

常见节日有三清节,即冬至日元始天尊圣诞,夏至日灵宝天尊圣诞,二月十五日道德天尊圣诞,也称老君圣诞;三元节,即正月十五上元天官节;七月十五中元天官节;十月十五下元节;玉帝圣诞,正月初九为玉皇大帝圣诞;王母娘娘圣诞,三月三日为王母娘娘圣诞,即传说中的蟠桃会;吕祖圣诞,四月四日为吕洞宾祖师圣诞。

(三)道教的修炼

道教的修炼方法称为道术。道术很多,归纳起来不外乎内养、外养、房中术、斋醮、符箓、守庚申等,因道派不同而有所差异。符箓派重斋醮、符箓,以祈福禳灾;丹鼎派重清修炼养,以求长生。修炼的目的是追求长生不老、肉身成仙。内养是指运用一定的方式对精、气、神进行修炼,基本方法有内观守静,抱一存神、吐纳行气、炼内丹等。外养指服食药物,使身体健康,长生不老。房中术是道教修炼之术,可被看作中国古老的性科学。

斋醮是道教祭祷仪式,基本程序有设坛、摆供、梵香、化符、念咒、上章、诵经、赞颂。常配以音乐、烛灯、禹步,以祭告神灵,祈求消灾免难,添福增寿。斋醮既是道教信众的基本修行方式,也是与大众结缘的常见法事仪范。斋醮活动时颂赞辞章,唱念音乐,乐器伴奏,内容丰富,保存了大量文学、音乐史料,是宝贵的文化遗产。

"符"是帝王下达指令的凭证,有无上的权威。"箓"即记录之意。方术之士认为,天神都有符,或为图形,或为篆文,在天空以云彩的方式出现。方士箓之,制作神符。符箓是天师道、正一道的主要道术。道教初期的五斗米道和太平道都大量制作和使用神符。

守庚申也是常见的道术。道教认为人体内有三虫,三虫在体内专记人的罪过,每到庚申日就到阴曹地府去告状,人会因此减寿。修炼者每到庚申日通宵静坐不眠,使三虫不能去言己之过,被称为守庚申。唐宋时代守庚申在修道人乃至平民百姓中都很盛行。

四、旅游中的道教文化

道教在中国的影响很大,许多名山都有道教的踪迹。道教名山众多,有三山五岳、十大洞天、三十六小洞天、七十二福地,这些都是有特殊价值的旅游资源。

三山为道教传说中的三座神山,一般指蓬莱、方丈、瀛洲;五岳指东岳泰山、南岳衡山、中岳嵩山、西岳华山、北岳恒山。

泰山亦称岱宗、岱岳、岱山,位于山东中部,主峰玉皇顶高 1545 米,道教称之为第二小洞天。泰山为五岳之首,群山之祖。古代帝王多在泰山举行封禅大典,泰山上道教胜迹有玉皇庙、碧霞祠、斗姆宫、王母池等。碧霞祠供奉道教女神碧霞元君,该神主管子孙繁衍,洞察人间善恶,民间供奉广泛,以泰山碧霞祠为祖庭。山麓岱庙为泰山主庙,供奉东岳大帝,是东岳大帝的祖庭,与北京故宫、曲阜三孔、承德避暑山庄并称为我国四大古建筑群。主殿天贶殿,内有巨幅壁画《泰山神启跸回銮图》,笔法流畅,为宋代佳作。

衡山位于湖南衡山县,汉武帝前以安徽霍山为南岳,隋文帝以后衡山被定为南岳,道教称之为第三小洞天。衡山七十二峰中,祝融峰最高。主要宫观为南岳庙、黄庭观、降真观、上清宫、九仙观、祝融殿等。主庙南岳大庙为湖南规模最大的古建筑,供奉南岳大帝,道教以其主管星辰的分野。黄庭观为东晋天师道女祭酒魏华存修炼之处,道教奉她为紫虚元君和南岳夫人,所著《黄庭经》为上清派主要典籍。降真观旧名白云观,是唐代道士司马承祯修道处。中唐以后,佛教在衡山取得优势,一些大儒也在山上开辟书院,衡山便成为儒释道三教的共同圣地。

中岳嵩山亦名嵩高,位于河南登封市西北。《白虎通》谓"岳居四方之中而高,故曰嵩高山",道教称之为第六小洞天。山有七十二峰,顶峰峻极峰。主庙中岳庙是五岳中现存规模最大、最完整的古建筑群,内供中岳大帝,道教以之为主管土地山川陵台之神,武则天曾到嵩山封禅。著名宫观崇福宫,前身为汉武帝所建万岁观,宋代一些名臣,如范仲淹、司马光、程颐、程颢、朱熹等贬官时,都曾在崇福宫赋闲。嵩山道教遗迹颇多,相传晋道士鲍靓曾在山中得《三皇文》,寇谦之早年亦在此山修道。在唐高宗诏建的崇唐观、精思院中,道士潘师正曾修道 20 余年。中岳嵩山又是佛教禅宗的祖庭,菩提达摩就是在嵩山少林寺传授了佛教禅宗和少林武术。山上的嵩阳书院又是儒家圣迹,故嵩山是儒释道三教荟萃之地。

华山位于陕西华阴市,是五岳中海拔最高的山。《水经注》谓:"其高五千仞,削成而四方,远而望之,又若花状。"道教称之为第四小洞天。华山以奇险著称,道教遗迹有西岳庙、玉泉院、东道院、四仙庵、镇岳宫等。主庙西岳庙又名华岳庙,供奉西岳大帝,道教以之为执掌五金陶铸冶炼之神。四仙庵相传为谭紫霄、马丹阳、刘海蟾、丘处机修炼处。玉皇院是五代著名道士陈抟老祖修行之处,陈抟创道教华山派,是太极图和道家易学的创始人,在道教中地位极高。他的成就提升了华山在道教中的地位。华山也是五岳中唯一为道教所独占的名山。

恒山位于山西浑源。汉武帝时以河北曲阳恒山为北岳,历代帝王均有祭祀,后因避讳改为常山,今名大茂山。恒山被道教称为第五小洞天,主庙北岳庙供北岳大帝,道教以其为主管江河湖海之神。相传茅山派祖师最初在此修道,八仙之一的张果老也曾修炼于此。恒山古有十八胜景,今尚存朝殿、会仙府、九天宫、悬空寺等。悬空寺为佛教著名寺院。

龙虎山为道教正一道的祖庭,位于江西贵溪市,由龙虎二山组成,两峰相峙如龙昂虎踞。《贵溪县志》载,张道陵最初到此炼龙虎大丹,有青龙白虎绕其上,故得名。此山为张道陵修道炼丹肇基之处,其第四代子孙从青城山迁往龙虎山后,张道陵子孙世代在此传教,道教称之为第三十二福地。该山祀神之所为上清宫,张道陵子孙居所在上清镇"嗣汉天师府"。山上有"正一观"又名"演法观",建于南唐保大年间,应真观建于宋嘉熙年间。乾元观、崇禧观、玉清观、先天观、佑圣观、冲玄观、繁禧观等,建于元代。壁鲁洞相传为张道陵得异书之处,号驻仙岩。重要遗迹还有丹井、丹灶、飞升台等。

被视作道教发祥地的有终南山、青城山。终南山位于陕西西安南部,一名南山,古名太乙山,为秦岭主峰之一。山内楼观、老子墓、重阳宫为道教圣迹。相传老子出关在今楼观处建草楼观,筑说经台,为尹喜口授道德经。楼观成为道教发祥地之一,有"道观之祖"的美誉。终南山祖阉镇北的重阳宫是道教全真派创始人王重阳修道和埋骨之处,与山西芮城永乐宫、北京白云观并称为全真派三大祖庭。青城山位于四川都江堰市西南部。道教创始人张道陵在鹤鸣山创五斗米教后,便在青城山降魔、治鬼、传道,后张道陵子张衡,孙张鲁都在此嗣法。故青城山是道教发祥地之一,为道教第五洞天。

道教的其他名山还有武当山、平都山、崂山、七曲山等。道教宫观遍布全国各地,除道教名山的道观和前面已提及的道观外,有代表性的还有以下这些:北京白云观,为全真派第一大丛林,也是龙门派祖庭;成都青羊宫,相传为老子应现之处,为成都最大的古老道观;山西芮城永乐宫,为全真派三大祖庭之一、吕洞宾诞生地,其壁画精美绝伦,享誉中外;江苏苏州玄妙观,为江苏古老建筑之一,是江南一带现存最大的宋代木结构建筑,内有吴道子画老君像,颜真卿碑刻堪称珍宝;沈阳太清宫是我国东北地区最大的道观,为全真龙门派十方丛林之一;武汉长春观始建于元代,是全真道龙门派创始人丘处机修道之处。

任务四　中国的伊斯兰教文化

任务引入

　　某旅游团中有不少回族游客,他们都是虔诚的穆斯林,作为导游,请你为他们安排合适的行程和饮食。

理论知识

　　了解伊斯兰教的产生与发展、伊斯兰教的传播,掌握伊斯兰教的教义、重要节日、礼节和重要禁忌,认识我国与伊斯兰教有关的旅游景点知识。

一、伊斯兰教的传播与发展

(一)伊斯兰教的产生与发展

　　伊斯兰教与佛教、基督教并称为世界三大宗教,在全世界有信众十多亿。伊斯兰为阿拉伯语译音,意思是顺服与和平。伊斯兰教是信奉安拉为唯一真神的神教。“穆斯林”是对顺服安拉的伊斯兰教徒的通称,意思是“顺服者”。《古兰经》把穆斯林称为兄弟,说“信士皆为兄弟”。因此,无论什么地方,不管职位高低,穆斯林之间皆称为兄弟。

　　伊斯兰教创立于7世纪的阿拉伯地区,创始人穆罕默德是一位宗教家、思想家、政治家、军事家。7世纪时,阿拉伯半岛处于游牧状态,氏族各据一方,仇杀、劫掠时有发生,战争不断。各部族有自己的部落神,偶像崇拜十分普遍。那时阿拉伯地区有麦加、麦地那两个集市贸易中心。麦加城克尔白神庙是人们崇拜的圣殿。穆罕默德出身于麦加古来什部落哈希姆家族,祖父是克尔白神庙的看守者,受人尊敬。穆罕默德自幼父母双亡,12岁随叔父到叙利亚、巴勒斯坦一带经商,接触犹太船和基督教,对阿拉伯地区的国际环境也有所了解。25岁时与富媚赫蒂彻结婚,获得雄厚的经济支持。赫的堂兄是基督教学者和信徒。受其影响,穆罕默德从 40 岁起经常到山洞里潜修冥想。希历九月的一天,自称受唯一真神安拉的启示,宣布自己是安拉的使者和先知,受安拉之命传布伊斯兰教,其目的在于统一阿拉伯半岛各民族的思想。起初穆罕默德只在至亲好友中传播自己的观点和主张,612 年开始公开传教。他宣称安拉是宇宙万物的创造者和主宰,是独一无二的真神,劝导人们归顺敬畏安拉,结成统一组织,反对多神崇拜和偶像崇拜。他主张施济贫民、奴隶赎身、善待孤儿、制止血亲仇杀、制止高利贷、努力实现和平与安宁。这些观点被民众接受,他很快得到大家的拥护。阿拉伯半岛的劳苦大众归顺伊斯兰教的人越来越多。部落贵族、富商和其他宗教首领感到自身利益受到了威胁,对穆罕默德进行迫害。622 年 7 月 16 日,穆罕默德被迫出走麦地那,这一天,就是伊斯兰教历的纪元。

穆罕默德在麦地那组织穆斯林"乌马"公社,打破以血缘关系为纽带的部落界限,号召所有穆斯林不论种族、部落、家庭团结起来,贯彻"穆斯林都是兄弟"的精神,"一同抓住安拉的绳,不要分裂"。穆罕默德以先知兼政治、军事领袖的身份统率大众。他建造清真寺,规定礼拜,提出各种政治、经济、法律、伦理方面的主张,对阿拉伯社会实行全面改革。他建立起政教合一的领导机构,不断向外扩张势力和影响。630 年,穆罕默德率一支 1 万多人的队伍,以"为安拉而战"为口号,进攻麦加,占领了麦加城,麦加贵族被迫改信伊斯兰教,承认穆罕默德的宗教领袖地位和政治主张。631 年,穆罕默德统一阿拉伯各部,建立了以麦地那为中心的政教合一的国家。632 年 3 月,穆罕默德率 10 万穆斯林,到麦加进行第一次"朝觐",并发表了重要演说。这次朝觐被称为"辞别朝觐"。632 年 6 月 8 日,穆罕默德在麦地那逝世,葬于麦地那清真寺旁。这时,伊斯兰教已初步形成。

穆罕默德死后,他的继承人被称为"哈里发"。632—661 年,先后有 4 个哈里发通过推选而产生,这段时期被称作四大哈里发时期。哈里发集政教军权于一身,多次发动对外的"圣战"。第三任哈里发奥斯曼征服北非,又东征亚美利亚,进攻波斯等地,把伊斯兰教推向了世界。这是伊斯兰教在世界范围内的第一次大传播。在奥斯曼的主持下,《古兰经》的编纂得以完成。661—750 年是伍麦耶王朝时期,哈里发由选举制改为世袭制,哈里发国家成为君主专制的封建国家。借助军事扩张,伊斯兰教在世界范围内得到了第二次大传播。750—1258 年为阿巴斯王朝时期,伊斯兰教国家的封建制度成熟。这时波斯人在教内取得实际统治权,波斯官僚体制代替了阿拉伯贵族统治,哈里发国家迁都巴格达。13 世纪中叶到 18 世纪为奥斯曼帝国时期。13 世纪中叶奥斯曼土耳其在中亚细亚兴起,16 世纪建立地跨欧亚非的封建国家。伊斯兰教实现了第三次在世界范围内的大扩张,传播到印度及东南亚各国。此时印度也出现了强大的莫卧儿王朝,其上层建筑为穆斯林。目前,伊斯兰教作为一个世界性宗教,教徒遍布世界各地。

(二)伊斯兰教在中国的传播

伊斯兰教被中国的穆斯林学者称为清真教,取清而不杂、真而不妄之意;有时也称之为清净教、净教、圣教等。现在我国统一使用"伊斯兰教"这一名称。目前我国有穆斯林约 2100 万,主要分布于新疆、宁夏、甘肃、青海等地,信仰的民族除回族外,还有维吾尔族、哈萨克族等 9 个少数民族。

伊斯兰教在阿拉伯半岛兴起不久后就传入中国。唐、宋、元三代是伊斯兰教在中国传播的主要时期。《旧唐书·西域传》载,唐高宗永徽二年,阿拉伯帝国第三任哈里发奥斯曼派使者到中国,在长安朝见唐高宗,向中国介绍了伊斯兰教的情况。这被看作伊斯兰教传入中国之始,从永徽二年到南宋末的 600 余年间,阿拉伯帝国派使者赴华多达 47 次。伊斯兰教在中国传播的主要路线有两条:陆路沿丝绸之路从大食(今阿拉伯)经波斯(今伊朗),从阿富汗到新疆天山南北,再经青海、甘肃,穿河西走廊到达长安;海路沿香料之路从大食由波斯湾和阿拉伯海出发经印度洋、孟加拉湾、马六甲海峡到广州、泉州、杭州、扬州等沿海城市。宋代中国政府规定广州、泉州、杭州、扬州为国际贸易港口,设有专门销售阿拉伯商品的市场,并设"蕃长司"管理在华居留的阿拉伯侨民。一些侨民在长期居留过程中同中国人通婚,生养后代,逐渐成为中国穆斯林。

阿拉伯帝国向东方扩张中,也把伊斯兰教传入新疆。13 世纪成吉思汗西征,大批中亚人、波斯人、阿拉伯人被迫迁入中国,他们的信仰也随之传到中国各地。

二、伊斯兰教的基本教义

(一)伊斯兰教的教义

简单来说,伊斯兰教的教义由三部分组成:六大信仰(伊玛尼)、五功(仪巴达特)和善行(伊赫桑)。

伊斯兰教规定,每个穆斯林必须在意识形态方面保持六大信仰,分别如下。

信仰安拉为唯一的神,是万物的创造者和主宰。安拉为阿拉伯语译音,又译作"阿拉",意为"神",汉语则称"真主",波斯语为"胡大"。

信仰天仙。天仙又叫天使,伊斯兰教认为天仙是安拉用光制造出来的纯粹的精美妙体,有翅膀,无性别,飞行神速,肉眼看不见。穆斯林承认其存在,但不膜拜。他们是供安拉使唤的差役,各有职能。最著名的四大天仙是米卡伊勒天仙、伊兹拉义勒天仙、迦伯利天仙、伊斯拉菲勒天仙。人们肩头上也有两个天仙,一个记人的善事,一个记人的恶事,末日审判时,以所记善恶多少作为审定的依据。

信仰圣人。伊斯兰教认为,穆斯林必须信仰穆罕默德是安拉派遣给人类的一位圣人。穆罕默德是安拉的使者,在穆罕默德以前,安拉还派了许多"使者"向人们传布正道。使者是人类的朋友,忠诚地传达安拉的旨意。在穆罕默德以前有易卜拉欣等使者,穆罕默德则是最大的,也是最后一位使者,叫"封印使者",也叫"至圣"。他传达安拉的圣意,开导世人顺服安拉,所以应无条件地服从穆罕默德。

信仰经典。相信《古兰经》是"安拉的言语",是通过穆罕默德"降示"的最后一部经典。

信复生(后世)。伊斯兰教相信宇宙间一切生命终究有一天全部毁灭,然后安拉使一切生命复活。人要经历今生和后世,今生和后世之间是"世界末日"。复生日到来时,天地摧崩、日月无光,所有死去的人灵魂复活,接受审判。行善者升天堂,作恶者下地狱。天堂无比美好,地狱痛苦万状。

信前定。伊斯兰教认为,安拉对天地间的大事小情都做了安排,世间一切事均由安拉前定,承认、顺从是人们的唯一出路。

五功是穆斯林应履行的五条宗教功课。它们是念功、礼功、斋功、课功、朝功。

念功,又叫"念作证词",是穆斯林对自己信仰的表白。所有穆斯林都必须念诵:"我作证,除安拉外,再没有神,穆罕默德是安拉的使者。"这叫"作证词",中国穆斯林称之为"清真言"。不接受这一证言,就不能称之为真正的穆斯林。

礼功就是礼拜。伊斯兰教规定穆斯林必须朝着麦加克尔白方向做礼拜。每日5次礼拜叫五时拜,即晨拜、晌拜、晡拜、昏拜、宵拜,每周的礼拜五应行聚礼,叫主麻拜。开斋节和古尔邦节举行会礼,也要礼拜。

斋功,每年教历9月斋戒一个月,称为斋功,斋戒时禁夫妻同房,每天日出前到日落,禁食止饮。因特殊原因不能斋戒者可补斋或罚赎。

课功又叫天课,指教徒财产达到一定数量时,都应缴纳定量的宗教税。

朝功又叫朝觐,指每个教徒在身体健康、经济允许、路途平安的情况下,一生中至少要亲身到沙特阿拉伯的麦加圣地巡礼、朝觐克尔白一次。

善行是指伊斯兰教提倡教徒积极行善,善行是穆斯林必须遵循的道德规范。

"六大信仰"指的穆斯林世界观、理论和思想;"五功""善行"则属于实践和行为方面,构成伊斯兰教的基本教义。

(二)伊斯兰教的崇奉对象、标记和禁忌

伊斯兰教信奉对象首先是安拉,伊斯兰教认为安拉是独一无二的真主,安拉之外别无神灵。伊斯兰教认为穆罕默德是主的最后一位使者,也是最伟大的使者。虽有信仰对象,但伊斯兰教不供奉任何偶像。

伊斯兰教的根本经典是《古兰经》,其次是《圣训》。《古兰经》是穆罕默德宣布的"安拉启示"的汇集。"古兰"为阿拉伯语的译音,意思是诵读、读物、课本等。中国称之为"天经""宝命真经"等。《古兰经》共30卷114章,记叙穆罕默德传教期间同阿拉伯半岛多神教、犹太教斗争的故事和先知的故事,阐发以信仰安拉为中心的宗教哲理、宗教制度、礼仪以及对阿拉伯社会现状的改革主张等。《古兰经》是阐发伊斯兰教教义和立法的首要依据,也是伊斯兰教法学、伦理学、历史学等建立与发展的基础。

《圣训》是穆罕默德言行的综合记录,是对《古兰经》的补充和注释。

伊斯兰教的标记是新月。在穆罕默德看来,新月代表一种新生力量,从新月到月圆,标志着伊斯兰教摧枯拉朽、战胜黑暗、圆满功行、光明世界。许多伊斯兰教建筑的屋顶都竖立这个标志。

伊斯兰教的主事人叫做阿訇,波斯语音译,原意"教师"。在我国,人们对伊斯兰教宗教职业者通称为阿訇。我国新疆地区有些穆斯林称阿訇为毛拉。

伊斯兰教的宗教习俗中,最突出的是讲究卫生和注意饮食。伊斯兰教规定穆斯林礼拜前必须大净(从头到脚洗干净)或小净(洗手、洗脸),穿洁净的衣服,保持处所洁净。穆斯林

一般都有良好的卫生习惯,勤沐浴、常冲洗已成为他们的风俗和优良传统。伊斯兰教在饮食方面有许多规定。《古兰经》说:"允许他们吃佳美的食物,禁戒他们吃污秽的食物。"明文禁止食用的有自死物、血液、猪肉、未诵真主之名而屠宰之物;禁止饮酒;驴、骡、狗等形象丑陋之物也不能吃。

(三)伊斯兰教的主要节日

伊斯兰教的宗教活动除了五功外,主要表现在宗教节日庆典和习俗中。三个最盛大的宗教节日是宰牲节、开斋节、圣纪节。

宰牲节又叫古尔邦节、忠孝节,时间是教历 12 月 10 日。相传先知易卜拉欣晚年得子,名为伊斯玛仪。其子 13 岁时,安拉指示易卜拉欣杀儿献祭以考验他的忠诚。易卜拉欣谨遵不违,儿子也毅然从命,教历 12 月 10 日执行之际,安拉命天使送来一只绵羊,代替伊斯玛仪。为了纪念易卜拉欣父子为安拉勇于牺牲的精神,人们在这一天屠宰牲口为安拉献祭。以后将该日定为宰牲节,并把宰牲作为朝觐仪式之一。

开斋节在教历 10 月 1 日,新疆地区叫肉孜节。伊斯兰教规定。教历 9 月为斋月,健康的穆斯林都要封斋。封斋第 29 日傍晚,见到新月,次日开斋;见不到新月,再封斋一天。为了确定开斋日期,伊斯兰教的清真寺都有望月楼,新月也成为伊斯兰教的标志。开斋节时穆斯林要到清真寺参加会礼,听伊玛目宣讲教义,互祝节日吉祥快乐。开斋节七件事受到嘉许:①拂晓即进食,以示开斋;②刷牙;③沐浴;④点香;⑤穿洁美服饰;⑥施舍;⑦低声诵念赞主词。节日庆祝活动因各地风俗不同而有所差异,一般要油炸美食互赠或款待亲友、诵经祈祷、联欢等。

圣纪节是纪念穆罕默德诞生和逝世的节日。据传穆罕默德诞生和逝世都是教历 3 月 12 日,故又称圣忌、圣祭或圣会。庆祝活动在清真寺举行,由阿訇(清真寺主持人)诵经、赞圣等。穆斯林也要炸油香、熬肉粥、聚餐宴客等。

三、旅游中的伊斯兰教文化

伊斯兰教在中国的旅游景点主要是各地的清真寺。清真寺在中国又被称为礼拜寺,是伊斯兰教聚众礼拜的场所,在穆斯林的生活中占据重要地位,有穆斯林聚居的地方,就有清真寺。清真寺一般由大殿、望月楼、宣礼塔、讲经堂和沐浴室组成。礼拜大殿是清真寺的主体建筑,一律背朝麦加,在中国即坐西朝东。大殿内通常设置较为简洁,墙壁不绘景物,只有阿拉伯艺术字体和几何图案。大殿正面的后墙正中有一看似拱门形小窗的凹壁,即壁龛,也称"窑殿",用以指示朝拜方向。壁龛右前方设宣讲坛,称敏拜尔或敏拜楼。参加礼拜的人必须先盥洗、脱鞋,才能进大殿。

中国的清真寺有两种建筑风格:一种是阿拉伯或中亚式,另一种是中国传统的殿宇四合院落式。阿拉伯或中亚式的大殿上有圆形拱顶,有的还单独建有尖塔式邦克楼,供观月和呼唤礼拜用。这种风格的清真寺大多在新疆或沿海地区。较著名的有新疆喀什的艾提卡尔大寺、吐鲁番的苏公塔大寺、广州的怀圣寺、泉州的圣友寺、杭州的真教寺。中国传统式的殿宇一般是门前左龙右虎，中间有山门殿，进门有照壁，院内除大殿外还有楼阁碑亭，到处画栋雕梁，悬匾挂联。这种清真寺多集中在内地。较著名的有西安化觉寺、西宁东关清真寺、宁夏银川大寺、同心清真大寺、北京牛街礼拜寺、东四清真大寺、新疆乌鲁木齐大寺等。

沿海四大清真古寺是广州怀圣寺、杭州凤凰寺、泉州清真寺、扬州仙鹤寺。怀圣寺又名狮子寺，因寺内有著名光塔，又叫光塔寺。位于广州越秀区光塔路。相传唐太宗贞观元年，穆罕默德的母舅与侨居广州的阿拉伯商人为怀念穆罕默德而投资修建，故名怀圣寺。凤凰寺原名真教寺，俗称礼拜堂，因建筑群布局形似凤凰而得名，位于杭州中山中路。据传该寺创建于唐代，毁于宋代，元代重建。寺内碑廊内有汉文、波斯文、阿拉伯文石碑 19 块。现存大殿为元代建筑，是砖结构穹隆式无梁殿，半球圆顶上起攒尖顶 3 座，殿内饰物雕刻精美，为全国重点文物保护单位。泉州清真寺又叫麒麟寺，位于福建泉州涂门街，始建于北宋，是侨居泉州的阿拉伯人兴建的。工程细致而又宏大，外观壮丽，是我国现存最古老的阿拉伯式清真寺，也是沿海四大清真寺中规模最大、艺术价值最高的一座。扬州仙鹤寺位于江苏扬州南门街，相传为南宋时穆罕默德十六世孙普哈丁到扬州传教时所建，明洪武重建，以后多次重修。该寺既遵循伊斯兰教规定又结合地方特点修建，布局形如仙鹤，故得名。

北京著名清真寺有东四清真寺和牛街清真寺。东四清真寺又名法明寺，位于北京东四南大街，创建于元至正六年，于明代重建。寺院占地 1 万多平方米，建筑华丽，既有阿拉伯风格，又有明代建筑的特色。大殿正中门楣上有一巨大凹形涂金匾，上用阿拉伯文写着"清真寺是安拉的"，光彩耀人。殿内存有大量伊斯兰文物；各种版本的伊斯兰图书和《古兰经》享誉四方；一部元代手抄本《古兰经》被国际友人誉为"罕见的无价之宝"。北京牛街清真寺位于北京西城区牛街东侧，是现今北京最古老、规模最大的清真寺，也是中国北方古老的清真寺之一。该寺创建于辽圣宗十三年，元明清三代均有扩建。其望月楼高敞而秀丽，大殿坐西朝东，大部分建筑采用中国木结构传统形式，主要建筑和细部装饰有浓郁的阿拉伯风格。寺内保存有较多的文物和碑刻，现为中国伊斯兰教协会所在地。

其他著名清真寺还有新疆艾提尕尔清真寺。该寺位于新疆喀什艾提尕尔广场西侧，是新疆地区最大的清真寺，也是全新疆伊斯兰教活动的中心。相传始建于 1442 年，而后又多次扩建。建筑为阿拉伯式，工艺精细，布局严密，有浓郁的伊斯兰教风格。东关清真大寺位于青海西宁东关大街路南一侧，是目前青海省保存最完好、最大的伊斯兰教寺院，始建于明洪武年间。建寺以来便是西北地区穆斯林的重要活动场所。宁夏同心清真大寺位于宁夏回族自治区同心县老城西北角的高地上。相传始建于明万历年间，清代两次重修。主体建筑采用中国传统大屋顶式样，是回汉文化融合的产物。该寺为宁夏境内现存规模最大、历史较久远的伊斯兰建筑。西安是我国伊斯兰教文化遗迹较多的城市，其中规模最大、工程最精美的是位于化觉巷的清真大寺，它与大学习巷清真寺一西一东，并称为西安最古老的两座清真寺。化觉巷清真大寺因位于东边，俗称"东大寺"。据说该寺创建于唐玄宗天宝元年，据说建于明初。寺院气势宏大，设计精巧，工程浩大，令人惊叹，建造风格为中国传统式，是我国现存规模最大、保存最完好的清真古寺之一。

任务五　中国的基督教文化

任务引入

　　某旅游团到东北哈尔滨旅游,请担任导游的你为游客介绍哈尔滨的圣索菲亚大教堂。

理论知识

　　了解基督教的产生与发展、基督教的标志,掌握基督教的派别、基督教的教义、供奉对象,认识与基督教有关的旅游景点知识。

一、基督教的传播与发展

(一)基督教的形成、发展与派别

　　基督是基利斯督(Christ)的简称,意思是"救世主",其希伯来文为"弥赛亚",意思为"上帝的儿子"。基督教以耶稣为救世主,所以称之为耶稣基督,意为救世主耶稣。

　　基督教产生于1世纪西罗马帝国统治下的巴勒斯坦地区,创始人为耶稣。公元1世纪前后,罗马帝国残酷统治巴勒斯坦地区。他们横征暴敛,建造豪华宫殿、剧场,生活腐化,当地的犹太人苦不堪言,多次反抗,均遭镇压。下层民众中出现一些传道者,说有位救世主,会来拯救苦难的人们,他就是耶稣基督。相传他是上帝的独生子,上帝派他来拯救世人,由童贞女玛利亚经圣灵感孕而降生人间。1世纪初,耶稣诞生于耶路撒冷城外的伯利恒,他继承了犹太教部分教义并加以创新,30岁时开始传道,提倡上帝一神信仰,反对罗马侵略者的多神信仰。随后,信仰他的人越来越多,他们形成一些小团体,很快遍布罗马帝国全境。耶稣的影响力越来越大,引起了犹太教当权者的忌恨。他的许多主张也受到犹太教当局的抵制。30年4月,耶稣和门徒到耶路撒冷过逾越节,正当耶稣和十二个门徒按犹太教传统共进晚餐时,得知门徒中的犹大出卖了他。耶稣被罗马驻犹太总督本丢·彼拉多以"称王惑众"的罪名钉死在十字架上。那次晚餐被称为"最后的晚餐",餐桌上共13人,耶稣受难那天为星期五,所以基督教国家的人们把13视为不吉利的数字,将星期五视为凶日。十字架也成为基

督教标记。象征其舍己为人的牺牲精神,也是上帝救赎的记号。相传耶稣死后,第三天复活,出现在他的门徒面前,第四十天升天。升天前他告诉信徒,他将再度降临人间,审判世界,按上帝的意志拯救人类。关于耶稣的故事和传说,载于《圣经》和各种福音书中。事实上,耶稣是当时受压迫的下层民众的代表,他出身木匠家庭,自己也是木匠。他的早期十二门徒中有4人是渔夫。

基督教是从犹太教中分裂演变而形成的。耶稣死后十几年内,信徒们以耶路撒冷为中心,过着"凡物公有"的集体生活,核心领袖是彼得和雅各。以后信众逐步向小亚细亚等地发展。2世纪传向地中海地区。由于基督教徒不敬拜皇帝塑像,并举行秘密活动,与罗马统治者常有摩擦。3世纪中叶,罗马皇帝戴奥克里下令镇压基督教。统治者的镇压并没有削弱教会,反而促进了它的发展。312年,罗马皇帝君士坦丁颁布敕令,承认基督教的合法权利。380年奥多西皇帝把基督教定为国教。而后,基督教在欧洲地位越来越高,以至达到神圣不可侵犯的地步,哲学、政治、法学,乃至人们的日常生活习俗,都在神学的控制下,教会的权力高于一切。中世纪基督教由最高统治者直接控制,教权依附于国家政权。经院哲学发展起来,基督教理论日趋完善。

基督教有3个大教派:罗马公教、东正教、新教。中国把罗马公教称为天主教,把新教称为基督教。基督教产生不久,就逐渐分化成以希腊语地区为中心的东派教会和以拉丁语为中心的西派教会。1054年,东西两派正式分裂,西部教会自称公教,东部教会自称正教。1517年,维登堡大学神学教授马丁·路德在同事的支持下,按照大学里神学辩论会的传统,在维登堡大教堂门前贴出《关于赎罪券效能的辩论》,引发一场宗教革命。支持路德的形成新的派别——新教。新教废除天主教的教阶制度和烦琐的宗教仪式,对教义、礼仪、组织形式都做了不同程度的改革,使基督教适应了西欧新兴资产阶级的需要。

（二）基督教在中国的传播

基督教何时传入中国,历来众说纷纭,据现在确凿的史料,学术界将其最早传入时间定为唐代。主要的传播活动有四次。唐贞观九年,基督教聂斯脱利派主教叙利亚人阿罗本从波斯到长安,受到太宗皇帝接见。李世民准其在皇帝藏书楼翻译《圣经》,在中国传教,人称"景教"。由于皇帝的支持,景教在全国各地发展。唐武宗灭佛,景教被废止。元代基督教再次传入中国。1289年,罗马教皇派天主教方济各会的意大利籍教士约翰·孟德高维诺为教廷使节,由海路来华,元朝皇帝许其自由传教。他被罗马教皇任命为中国大主教,在中国生活多年,建教堂,发展教徒,形成大都和泉州两个传教中心,向南北各方扩展。当时人们称之为"也里可温"教。元朝灭亡,基督教在中国再次绝迹。明清之际,基督教各派再一次传入中国。明万历十年天主教耶稣会传教士意大利人利玛窦受派遣,随传教团到中国传教。他努力学习中国传统文化,学习汉语,穿僧装,自称僧人,建仙花寺,后又改着儒装,把四书章句翻译成拉丁文,并将中国儒家思想的宗法礼教与天主教教义融合,他传播西方科技结识中国上层知识分子。爱国科学家徐光启也受了洗,成为信徒,许多上层人士纷纷信奉基督教。直到康熙禁教,教士被驱逐,传教活动终止。鸦片战争后,西方基督教国家在武力保护下蜂拥来华,强行传教,基督教各派在全国各地传播。现在,中国基督教中,天主教、新教影响较大,各自独立,与佛教、伊斯兰教、道教合称为中国五大宗教。

二、基督教的教义

(一)基督教的教义

基督教基本教义可归纳为上帝创世说、原罪救赎说、天堂地狱说三个方面。

上帝创世说认为世界是上帝创造的。上帝创世之前,什么都没有,没有时间、没有空间、没有任何物质,只有上帝和他的"道"与"灵"。《旧约·创世记》说,上帝用 6 天时间创造了天地万物和人。第一天他创造白天和黑夜,第二天创造空气,第三天创造陆地和海洋,第四天创造太阳、月亮、星辰,第五天创造鱼类和鸟类,第六天创造牲畜、兽类、昆虫等。又按自己的样子用泥土创造了男人亚当,取亚当的肋骨,创造了女人夏娃。第七天,上帝的"创世工程"结束,休息,定为"安息日"。上帝创世说认为上帝是人类的赏赐者,全知全能,是真善美的最高体现者,人们必须绝对顺服地敬奉上帝。

原罪救赎说认为任何人天生即是有罪的。上帝创造了人类的祖先亚当和夏娃,让他们在伊甸园里享受无忧无虑的快乐生活。在蛇的引诱下,他们偷吃禁果,被上帝逐出伊甸园。他们在大地上繁衍子孙,人类产生了。亚当夏娃的罪是人类的原罪,也是人类一切灾难和罪恶的根源。任何人都禀赋原罪,这种原罪人类无法自救,只有忏悔,基督可以为之赎罪。人类犯罪太多,会受上帝的惩戒。《创世记》中记载,亚当夏娃的子孙越来越多,上帝决定用洪水将所有的人、兽、昆虫、飞禽都消灭。但人群中有一个叫诺亚的人,上帝不忍心让他与罪恶一齐消灭,指示他造一只大船——方舟,让其全家及各种飞禽走兽雌雄各一对,到方舟避难,船造好后,暴雨下了 40 昼夜。雨停后,洪水泛滥,过了 150 天还不见陆地,诺亚取出一只乌鸦,乌鸦没有回来。他又放出一只鸽子,鸽子衔回一枝嫩橄榄树枝。不久,洪水就退去了。西方文化中用"诺亚方舟"比喻避难所,鸽子和橄榄枝则是和平的象征。洪水是上帝对人类的第一次审判。

天堂地狱说是基督教认为上帝住在天堂上,众天使侍立在上帝身边,基督就坐在上帝的右边。天堂是极乐世界,黄金铺地,宝石盖物,美景妙乐让人享受不尽。信仰上帝得救的灵魂可以升入天堂。不信上帝,不思悔过的罪人,死后灵魂会到地狱受苦。地狱中到处是熊熊的烈火,还有蛇蝎猛兽咬噬人的灵魂。天主教和东正教还设有炼狱,那些既不能升天,又不应下地狱的暂居炼狱,炼净灵魂,赎完罪恶,可升入天堂。

(二)基督教的经典与标记

基督教的主要经典是《圣经》,包括《旧约圣经》和《新约圣经》两部分。"约"指上帝与人订定的"盟约"。基督教传说,"旧约"是上帝在西奈山与以摩西为代表的犹太人订的盟约。上帝以他们为特选子民,要他们接受耶稣基督为独一真神,但犹太人不接受耶稣,屡次背约敬拜偶像,失去了选民的地位。上帝为救赎人们的罪恶,派独生子耶稣降临人世,作为上帝和人之间的"中保",用流血和受死在上帝和选民间建立新的盟约,这就是《新约》。

基督教的标记是十字架。十字架本为古罗马刑具,基督教相信耶稣是为世人赎十罪而被钉在十字架上受难而死,从此视十字架为上帝与人和好的福音和象征,作为信仰标记。十字架样式很多,一般来说,天主教多用纵长方形十字架,而东正教会用正长方形十字架。

（三）基督教的仪则与主要节日

基督教的传道者称为牧师,原义牧羊人,是新教大多数教派对主持仪式、负责教堂教务的职业宗教人员的称呼。神甫也称神父,是天主教和东正教对主持一个教堂教务的职业宗教人员的尊称。主教指主管一个教区教务的神职人员。大主教是总管一省范围内各个教区（即教省或大教区）的主教。

基督教教徒日常主要的宗教活动是礼拜,多在星期日由牧师在教堂主持,内容有祈祷、读经、唱诗、讲道等。基督教纪念耶稣牺牲的宗教仪式叫做弥撒,象征性地重演耶稣为救赎人类在十字架上对上帝的祭献。包括重温耶稣遗训、分饼等一整套复杂的礼仪,是一项隆重的宗教活动,只有神父和主教有权主持。现在多数新教教派已不再举行弥撒,只保留不同形式的圣餐仪式。

基督教三大教派节日不尽相同,有共同节日,也有独自节日。有的节日内容一样,名称不同。有的日期是固定的,有的需每年推算。由于各教派使用历书不同,节日的具体日期也有差异。圣诞节为每年公历 12 月 25 日,是纪念耶稣诞生的节日。圣诞节的祝贺活动丰富多彩,各教会都要举行隆重的礼拜或弥撒。24 日夜至 25 日凌晨欢度平安夜,举行音乐会,演唱圣诗。"圣诞老人"从烟囱里进入各家,把礼物装在袜子里,挂在孩子们的床头。圣诞节时,各家都要买或做一棵松、柏之类常绿的塔形圣诞树,并举行圣诞晚餐,亲友之间赠送贺卡或礼物。复活节一般在公历 3 月 22 日至 4 月 25 日之间,为春分月圆后第一个星期天,用以纪念耶稣复活。这一天西方国家盛行互赠"复活节彩蛋",以鸡蛋象征生命和繁荣。

三、旅游中的基督教文化

中国的基督教文化大多体现在传入教派兴建的教堂上,由于教义和地区的区别,天主教、基督教、东正教的教堂也呈现出不同的特点。

中国天主教文化遗迹,主要有北京西什库教堂、南堂、利玛窦墓;上海徐家汇天主堂、佘山天主教堂、广州石室圣心大教堂及天津西开教堂等。西什库教堂位于北京西城区西什库大街南端,是北京最大的天主教堂,建于清光绪年间。其前身是清康熙年间建于中海西边的"救世堂",道光时拆除,同治时重建,称为"北堂",又名"百鸟园",光绪时迁西什库。西什库教堂为哥特式建筑,大殿正祭台雕镂精美,金碧辉煌,正门内建有乐楼,内有法国制巨琴,琴座为北京巧匠所雕,工艺精湛。北京地区信徒及各地参观者络绎不绝,是北京地区的天主教活动中心。南堂是北京最古老的天主教堂,位于北京宣武门外,原名宣武门天主堂。明万历三十三年,由利玛窦始建经堂,顺治七年,德国耶稣会传教士汤若望改建大堂。现为中国天主教北京教区主教座堂。殿堂建筑风格为朴素的巴洛克式。利玛窦在中国生活多年,1610年病逝于北京。鉴于他对中西文化交流的卓越贡献,明神宗赐给墓地,下诏以陪臣之礼葬于阜成门外。如今其墓两侧是汤若望、南怀仁的墓。上海徐家汇天主堂是上海地区最大的教堂，也是远东地区较大的教堂之一。正式名称为"圣依纳爵堂"，现在是上海教区主教座堂。佘山天主教堂位于上海松江佘山，罗马式建筑，1871 年由天主教耶稣会在佘山顶创建。该地区天主教徒有 5 月朝佘山的宗教习俗。广州石室圣心大教堂位于广州市一德路旧部前街，其全部用花岗石砌成，人称石室，是我国较大、保存较好的哥特式建筑之一，石室始建于同治二年，历时 25 年竣工，其奠基日为天主教圣心瞻礼日，故名圣心大教堂。天津西开教堂是天津最大的天主教堂，位于天津市和平区滨江道独山路，为法国罗曼式建筑，故又叫法国教堂。

中国新教文化遗迹主要有上海国际礼拜堂、圣三一堂、景灵堂、沐恩堂等。上海国际礼拜堂是上海地区最大的新教教堂，原名"协和礼王堂"，该堂建于 1924 年，是德国风格的哥特式建筑。上海圣三一教堂是 1848 年由英国圣公会建造的，因 1875 年英国坎特伯雷大主教直接总管，声名大噪。该堂为英国在华营造的最大教堂，其哥特式钟楼由当时驰名世界的教堂建筑师司考特爵士设计，是远东地区的著名建筑。上海景灵堂建于 1923 年。宋庆龄之父曾任该堂牧师，宋美龄曾为该堂唱诗班成员，蒋介石后来为该堂教友。现为沪东新教活动中心。上海沐恩堂原名慕乐堂。第一次世界大战后，美国教会发起建"社交堂"活动，教堂除了供教徒礼拜外，还提供各种社交活动，对外开放。沐恩堂当时便设有中学、小学、幼儿园、夜校及阅览室、健身房等，是典型的"社交堂"。

中国东正教文化遗迹主要有哈尔滨圣索菲亚教堂和上海圣母大教堂。圣索菲亚教堂位于哈尔滨市道里区索菲亚广场，是沙俄建造的远东最大的东正教教堂。始建于 1907 年，为俄罗斯拜占庭式风格，按俄国基辅圣索菲亚教堂式样建造，全木结构，后扩建为砖石结构。其圆柱形穹隆式主体建筑的球形层顶上竖着巨大的十字架，教堂全高 53.25 米，大厅可容 2000 人。这座建筑典雅、雄伟，是哈尔滨的著名建筑物之一。上海圣母大教堂位于上海襄阳北路，为东正教上海教区的主座教堂。

实践操作

完成一次"我身边的宗教文化"

活动目的

通过周边的宗教景点，来熟悉所学的宗教文化。

活动要求

完成对自己家乡周边的宗教文化的讲解。

活动步骤

先提交周围存在宗教文化的景点—选出比较具有代表性的宗教文化景点，准备导游词—完成宗教经典景区的导游讲解。

活动评价

小组评价、自我评价、教师评价。

拓展提升

分享有趣的宗教习俗或宗教文化。

项目小结

通过项目三的学习，了解宗教文化的意义，了解中国主要宗教佛教、道教、伊斯兰教和基督教的基本教义、供奉对象、文化习俗等内容，能够更好地认识与宗教文化有关的景区景点，明白宗教文化在旅游中的意义。

项目训练

一、单选题

1. 佛教传播过程中，传入缅甸、泰国、柬埔寨和我国云南傣族地区的主要是（　　）。

A. 汉传佛教　　　B. 藏传佛教　　　C. 大乘佛教　　　D. 小乘佛教

2. 下列教堂中，由意大利传教士利玛窦所建的是（　　）。

A. 北京南堂　　　B. 徐家汇天主堂　　C. 圣索菲亚教堂　　D. 广州石室圣心大教堂

3. 道教的标志是（　　）。

A. 十字架　　　B. 八卦太极图　　　C. 六芒星　　　D. 新月

4. 我国佛教著名寺庙中，被世界佛教界统称为"禅宗祖庭"的是（　　）。

A. 栖霞寺　　　B. 白马寺　　　C. 少林寺　　　D. 法门寺

5. 纪念道教八仙之一的吕洞宾的著名道教宫观是（　　）。

A. 北京雍和宫　　B. 山西永乐宫　　C. 成都青羊宫　　D. 北京白云观

6. 安徽九华山是我国四大佛教名山之一，它是（　　）菩萨道场。

A. 地藏王　　　B. 观音　　　C. 文殊　　　D. 普贤

7. 我国道教中"正一道"发源于（　　）。

A. 四川青城山　　B. 湖北武当山　　C. 山东崂山　　D. 江西龙虎山

8. 我国古代石窟艺术中没有在甘肃省境内的是（　　）。

A. 敦煌石窟　　　B. 炳灵寺石窟　　C. 云冈石窟　　D. 麦积山石窟

9. 成都市最古老的道观是？（　　）

A. 青羊宫　　　B. 祖师殿　　　C. 上清宫　　　D. 三皇殿

二、多选题

1. 山西五台山是我国著名的佛教名山之一，以下五台山寺庙属于"五大禅处"的有（　　　）。

A. 显通寺　　　　　B. 罗睺寺　　　　　C. 佛光寺　　　　　D. 塔院寺

2. 我国的道教名山众多，其中与山东崂山齐名的道教名山有（　　　）。

A. 湖北武当山　　　B. 四川青城山　　　C. 江西龙虎山　　　D. 江西三清山

3. 中国沿海伊斯兰教三大古寺包括（　　　）。

A. 杭州真教寺　　　B. 泉州清净寺　　　C. 广州怀圣寺　　　D. 扬州仙鹤寺

4. 下列少数民族中，信奉藏传佛教的民族有（　　　）。

A. 朝鲜族　　　　　B. 苗族　　　　　　C. 藏族　　　　　　D. 蒙古族

三、判断题

1. 中国东正教文化遗迹主要有哈尔滨圣索菲亚教堂和上海圣母大教堂。（　　　）

2. 当今世界上影响最大的佛教、基督教、伊斯兰教，合称为世界三大宗教。（　　　）

3. 五台山有"清凉佛国"之美誉。（　　　）

 能力训练

模拟导游：

请在乐山大佛、峨眉山、青城山、青羊宫、色达、昭觉寺、平安桥天主堂、恩光堂、艾提尕尔清真寺、牛街清真寺等景点中选择一处，做一次模拟导游讲解，重点突出宗教文化。

项目四
中国古代建筑

 项目目标

职业知识目标：

1.熟悉中国古代建筑历史沿革。

2.了解中国古代建筑的基本思想。

3.掌握中国古代建筑的基本结构和特点。

职业能力目标：

1.能通过古代建筑的外在形态，判断古代建筑的等级。

2.能通过学习古代建筑的相关知识，正确地将其运用在导游讲解中。

职业素养目标：

1.以当地著名的古建筑为例，实地考察撰写导游词，并能开展模拟导游讲解活动。

2.通过实践活动，能够收集并整理古建筑知识，制作相应的知识卡片。

知识框架

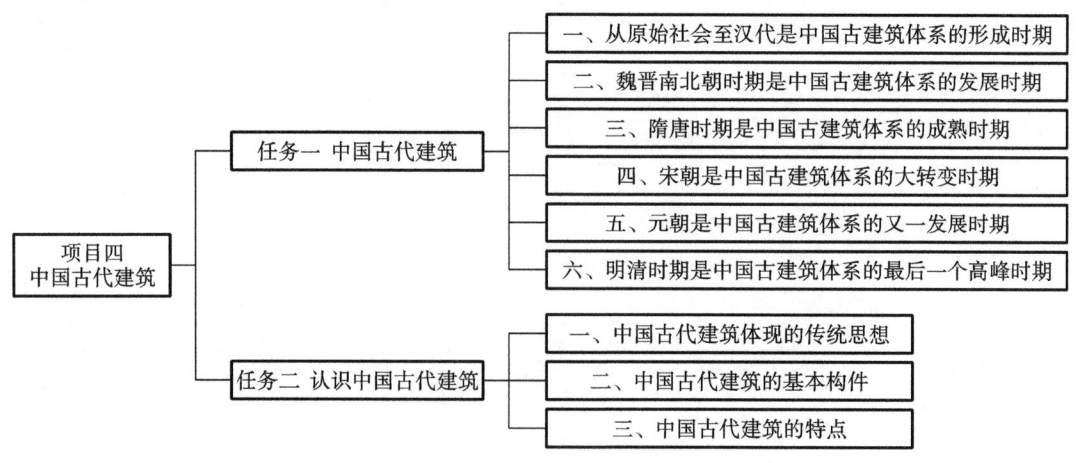

项目导入

中国古代建筑具有悠久的辉煌成就。我国古代建筑艺术也是美术鉴赏的重要对象,是几千年来中华民族智慧的结晶,以独特的建筑文化和别具一格的艺术风格闻名于世。其与伊斯兰建筑、欧洲建筑并称为世界三大建筑体系。中国古代建筑艺术的特点是多方面的。旅游工作者既要能鉴赏建筑之美,也要能传播建筑之美。

任务一　中国古代建筑

任务引入

中国古代建筑具有悠久的历史传统和光辉的成就。我国古代的建筑艺术也是美术鉴赏的重要对象。而要鉴赏建筑艺术,除了需要理解建筑艺术的主要特征外,还要了解中国古代建筑艺术的一些重要特点,然后再通过比较典型的实例,进行具体的分析研究。中国古代建筑艺术的特点是多方面的。从美术鉴赏的角度来说,以下一些特点是应当了解的。

理论知识

了解中国古代建筑发展史,掌握中国古代建筑在各历史时期的发展特点。

中国古建筑的历史沿革介绍如下。

一、从原始社会至汉代是中国古建筑体系的形成时期

在原始社会早期,原始人群曾利用天然崖洞作为居住处所,或构木为巢。到了原始社会晚期,在北方,我们的祖先在利用黄土层为壁体的土穴上,用木架和草泥建造简单的穴居或浅穴居。以后逐步发展到地面上,南方出现了干栏式木构建筑。进入阶级社会以后,在商

代,已经有了较成熟的夯土技术,建造了规模相当大的官室和陵墓。西周及春秋时期,统治阶级建造了很多以官市为中心的城市。原来简单的木构架,经商周以来的不断改进,已成为中国建筑的主要结构方式。瓦的出现与使用,解决了屋顶防水问题,是中国古建筑的一个重要进步。战国时期,城市规模比以前扩大,高台建筑更为发达,并出现了砖和彩画。秦汉时期,木构架结构技术已日渐完善,其主要结构抬梁式和穿斗式已发展成熟,高台建筑仍然盛行,多层建筑逐步增加。石料的使用逐步增多,东汉时出现了全部石造的建筑物,如石祠、石阙和石墓。秦汉时期还修建了空前规模的宫殿、陵墓、万里长城、驰道和水利工程。

二、魏晋南北朝时期是中国古建筑体系的发展时期

在建筑材料方面,砖瓦的产量和质量有所提高,金属材料被用作装饰。在技术方面,大量木塔的建造,显示了木结构技术的提高;砖结构被大规模地应用到地面建筑,河南登封嵩岳寺塔的建造标志着石结构技术的巨大进步;石工的雕琢技术也达到了很高的水平。大量兴建佛教建筑,出现了许多寺、塔、石窟和精美的雕塑与壁画。

三、隋唐时期是中国古建筑体系的成熟时期

隋朝建造了规划严整的大兴城,开凿了南北大运河,修建了世界上最早的敞肩大石桥——安济桥。唐朝的城市布局和建筑风格规模宏大,气魄雄浑。其长安城在隋朝大兴城的基础上继续经营,成为当时世界上有名的城市。在建筑材料方面,砖的应用逐步增多,砖墓、砖塔的数量增加;琉璃的烧制比南北朝进步,使用范围也更为广泛。在建筑技术方面,也取得很大进展,木构架的做法已经相当正确地运用了材料性能,出现了以"材"为木构架设计的标准,从而使构件的比例形式逐步趋向定型化,并出现了专门掌握绳墨绘制图样和施工的都料匠。建筑与雕刻装饰进一步融合、提高,创造出了统一和谐的风格。唐朝的住宅,根据主人不同的等级,其门厅的大小、间数、架数以及装饰、色彩等都有严格的规定,体现了中国封建社会严格的等级制度。这一时期遗存下来的殿堂、陵墓、石窟、塔、桥及城市宫殿的遗址,无论布局或造型都具有较高的艺术和技术水平,雕塑和壁画尤为精美,是中国封建社会前期建筑的高峰。我国现存最早的木结构建筑的实物仅有唐代的五台山南禅寺和佛光寺部分建筑。其建筑特点是单体建筑的屋顶坡度平缓,出檐深远,斗拱比例较大,柱子较粗壮,多用板门和直棂窗,风格庄重朴实。

四、宋朝是中国古建筑体系的大转变时期

宋朝建筑的规模一般比唐朝小,但比唐朝建筑更为秀丽、绚烂而富于变化,出现了各种复杂形式的殿阁楼台。建筑装饰绚丽而多彩。流行仿木构建筑形式的砖石塔和墓葬,创造了很多华丽精美的作品。建筑构件的标准化在唐代的基础上不断发展,各工种的操作方法和工料的估算都有了较严格的规定,并且出现了总结这些经验的建筑文献《营造法式》。《营造法式》是北宋政府为了管理宫室、坛庙、官署、府第等建筑工程,于北宋崇宁二年(1103 年)

颁行的,是各种建筑的设计、结构、用料和施工的"规范"。现存宋代的建筑有山西太原圣母殿、福建泉州清净寺、河北正定隆兴寺和浙江宁波保国寺等。其建筑特征是屋顶的坡度增大,出檐不如前代深远,重要建筑门窗多采用菱花窗,建筑风格渐趋柔和。

五、元朝是中国古建筑体系的又一发展时期

元朝大都按照汉族传统都城的布局建造,是自唐朝长安城以来又一个规模巨大、规划完整的都城。元朝城市进一步发展了各行各业的作坊、店铺、戏台和酒楼等娱乐性建筑。从西藏到大都建造了很多藏传佛教寺院和塔,大都、新疆、云南及东南地区的一些城市陆续兴建伊斯兰教礼拜寺,藏传佛教和伊斯兰教的建筑艺术逐步影响全国各地。中亚各族的工匠也为工艺美术带来了许多外来因素,使汉族工匠在宋、金传统上创造的宫殿、寺、塔和雕塑等表现出若干新的趋势。现存元朝的建筑有山西芮城永乐宫、洪洞广胜寺等。使用辽代所创的"减柱法"已成为大小建筑的共同特点,梁架结构又有了新的创造,许多大构件多用自然弯材稍加砍削而成,形成当时建筑结构的主要特征。

六、明清时期是中国古建筑体系的最后一个高峰时期

明朝由于制砖手工业的发展,砖的生产大量增长,明朝大部分城墙和一部分规模巨大的长城都用砖包砌,地方建筑也大量使用砖瓦、琉璃瓦的生产,无论数量或质量都超过过去任何朝代。官式建筑已经高度标准化、定型化。清朝于 1734 年颁布了《工程做法则例》,统一了官式建筑的模数和用料标准,简化了构造方法。民间建筑的类型与数量增多,质量也有所提高,各民族的建筑也有了发展,地方特色更加显著。皇家和私人的园林在传统基础上有了很大的发展,在明末出现了一部总结造园经验的著作——《园冶》,并留下了许多优秀作品。北京故宫和沈阳故宫是明清宫殿建筑群的实例,与前面的朝代相比变化较大。明清建筑出檐较浅,斗拱比例缩小,"减柱法"除小型建筑外重要建筑中已不采用。

任务二 认识中国古代建筑

任务引入

中国古代建筑包括历代建筑中的宫殿、陵墓、城池、运河、桥梁等多种形式。它们是古代文明、思想和科学的结晶,不仅反映着时代的风尚和文化特点,而且还有明显的地域特点。

理论知识

了解中国古代建筑体现的传统思想,掌握中国古代建筑的基本构件,熟悉中国古代建筑的特点。

一、中国古代建筑体现的传统思想

传统思想对古代建筑有很深刻的影响。主要体现在以下几个方面。

(一)敬天祀祖

万物由天而生,中国古代帝王皆自命天子,且标榜"受命于天"。人类由祖宗而发展,所以对天、对祖先必须进行祭祀,这样可以得到上天的恩施,得到祖先神灵的荫庇。在这种思想的指导下,历朝历代封建帝王建起了祭天、祭祖、祭社稷的坛庙建筑。

(二)皇权至上

皇权至上是中国古代专制主义中央集权制度的重要内涵。皇权至上是一种中央决策方式,主要特征是皇帝个人专断独裁,集国家权力于一身,从决策到行使军、政、财大权都具有独断性和随意性。

中国封建社会历代统治者把皇权看成是至高无上的,而皇宫就是皇权的象征,因此在皇宫的设计上,充分体现出皇权至上的思想。北京故宫是我国现存最完整的宫殿建筑群,它的总体规划和建筑形制体现了皇权至上的思想。

(三)阴阳五行

阴阳五行学说是"阴阳"和"五行"两说的合流。这一学说对我国的传统思想产生过深远的影响,也必然渗透我国古代建筑设计思想中。北京四合院的布局非常生动真实地反映了阴阳五行系统在中国古代建筑中的应用。按文王八卦方位图的解释,北为坎卦所主,为水,南为离卦所主,为日。背后有水流动意为通泰,南有日引申为光照门楣,兴旺家族。故四合院大院北面为正房,院子的中轴线贯穿其中,坐北朝南,是院中体积最大的房屋,家中老人、前辈等为尊者都居住在北面正房。

二、中国古代建筑的基本构件

(一)台基

古基称基座,是高出地面的建筑物底座,用以承托建筑物,并使其防潮、防腐,同时可弥补中国古建筑单体建筑不甚高大雄伟的欠缺。大致有四种。

1. 普通台基

用素土或灰土或碎砖三合土夯筑而成,约高 30 厘米,常用于小式建筑。

2. 较高级台基

较高级台基较普通台基高,常在台基上边建汉白玉栏杆,用于大式建筑或宫殿建筑中的次要建筑。

3. 更高级台基

更高级台基即须弥座,又名金刚座。"须弥"是古印度神话中的山名,相传位于世界中心,是宇宙间的山,日月星辰出没其间,三界诸天也依傍它层层建立。须弥座用作佛像或神龛的台基,用以显示佛的崇高伟大。中国古建筑采用须弥座表示建筑的级别。一般用砖或石砌成,上有凹凸线脚和纹饰,台上建有汉白玉栏杆,常用于宫殿和寺院中的主要殿堂建筑。

4. 最高级台基

最高级台基由几个须弥座相叠而成,从而使建筑物显得更为宏伟高大,常用于最高级建筑,如故宫三大殿,即耸立在最高级台基上。

(二) 木头圆柱

常用松木或楠木制成的圆柱形木头。置于石头(有时是铜器)为底的台上。多根木头圆柱,用于支撑屋面檩条,形成梁架。

(三) 开间

四根木头圆柱围成的空间称为"间"。建筑的迎面间数称为"开间",或称"面阔"。建筑的纵深间数称"进深"。中国古代以奇数为吉祥数字,所以平面组合中绝大多数的开间为单数,而且开间越多,等级越高。北京故宫太和殿、北京太庙大殿开间为 11 间。

(四) 大梁(横梁)

大梁为架于木头圆柱上的一根最主要的木头,以形成屋脊。常用松木、楠木或杉木制成,是中国传统木结构建筑中骨架的主件之一。

(五) 斗拱

斗拱是中国古代建筑独特的构件。方形木块叫斗,弓形短木叫拱,斜置长木叫昂,总称斗拱。一般置于柱头和额枋(又称阑头,俗称看枋,位于两檐柱之间,用于承托斗拱)、屋面之间,用来支撑荷载梁架、挑出屋檐,兼具装饰作用。由方形木块、弓形短木、斜置长木组成,纵横交错层叠,逐层向外挑出,形成上大下小的托座。

(六) 彩画

彩画原是用于为木结构防潮、防腐、防蛀的,后来才突出其装饰性。宋朝以后彩画已成为宫殿不可缺少的装饰艺术,可分为三个等级。

1. 和玺彩画

和玺彩画是最高等级的彩画。其主要特点是中间的画面由各种不同的龙或凤的图案组成,间隙补以花卉图案;画面两边用书名号框住,并且沥粉贴金,金碧辉煌,十分壮丽。

2. 旋子彩画

旋子彩画等级次于和玺彩画。画面用简化形式的涡卷瓣旋花,有时也可画龙凤,两边用书名号框起,可以贴金粉,也可以不贴金粉。一般用于次要宫殿或寺庙中。

3. 苏式彩画

苏式彩画的等级低于前两种。画面为山水、人物故事、花鸟鱼虫等,两边用书名号或"( )"框起。"( )"被建筑家们称作"包袱",苏式彩画,便是从江南的包袱彩画演变而来的。

(七）屋顶（古称屋盖）

中国传统屋顶有以下 7 种,其中以重檐庑殿顶、重檐歇山顶为最高级别,其次为单檐庑殿顶、单檐歇山顶。

1. 庑殿顶

四面斜坡,有一条正脊和四条斜脊,屋面稍有弧度,又称四阿顶。

2. 歇山顶

是庑殿顶和硬山顶的结合,由四个倾斜的屋面、一条正脊、四条垂脊、四条戗脊和两侧倾斜屋面上部转折成垂直的三角形墙面组成,形成两坡和四坡屋顶的混合形式。

3. 悬山顶

屋面双坡,两侧伸出山墙之外。屋面上有一条正脊和四条垂脊,又称挑山顶。

4. 硬山顶

屋面双坡,两侧山墙同屋面齐平,或略高于屋面。

5. 攒尖顶

平面为圆形或多边形,上为锥形的屋顶,没有正脊,有若干屋脊交于上端。一般亭、阁、塔常用此类屋顶。

6. 卷棚顶

屋面双坡,没有明显的正脊,即前后坡相接处不用脊而砌成弧形曲面。

7. 叠顶

梁架结构多用四柱,加上枋子抹角或扒梁,形成四角或八角形屋面。顶部是在平顶的屋顶四周加上一圈外檐。

(八）山墙

山墙即房子两侧上部成山尖形的墙面。常见的山墙还有风火山墙,其特点是两侧山墙高出屋面,随屋顶的斜坡面而呈阶梯形。

（九）藻井

中国传统建筑中天花板上的一种装饰,名为"藻井",含有五行以水克火,预防火灾之意。一般都在寺庙佛座上或宫殿的宝座上方。是平顶的凹进部分,有方格形、六角形、八角形或圆形,上有雕刻或彩绘,常见的有"双龙戏珠"。

三、中国古代建筑的特点

（一）中国古建筑以木材、砖瓦为主要建筑材料,以木构架结构为主要的结构方式

此结构方式,由立柱、横梁、顺檩等主要构件建造而成,各个构件之间的结点以榫卯相吻合,构成富有弹性的框架。中国古代木构架有抬梁、穿斗、井干三种不同的结构方式。抬梁式是在立柱上架梁,梁上又抬梁,所以称为"抬梁式"。宫殿、坛庙、寺院等大型建筑物中常采用这种结构方式。穿斗式是用穿枋把一排排的柱子穿连起来成为排架,然后用枋、檩斗接而成,故称作穿斗式,多用于民居和较小的建筑物。井干式是用木材交叉堆叠而成的,因其所围成的空间似井而得名。这种结构比较原始简单,现在除少数森林地区外已很少使用。木构架结构有很多优点,首先,承重与围护结构分工明确,屋顶重量由木构架来承担,外墙起遮挡阳光、隔热防寒的作用,内墙起分割室内空间的作用。由于墙壁不承重,这种结构赋予建筑物以极大的灵活性。其次,有利于防震、抗震,木构架结构类似于今天的框架结构,由于木材具有的特性,而构架的结构所用斗拱和榫卯又都有若干伸缩余地,因此在一定限度内可减少由地震对这种构架所引起的危害。"墙倒屋不塌"形象地表达了这种结构的特点。

（二）中国古代建筑的平面布局具有一种简明的组织规律

就是以"间"为单位构成单座建筑,再以单座建筑组成庭院,进而以庭院为单元,组成各种形式的组群。就单体建筑而言,以长方形平面最为普遍。此外,还有圆形、正方形、十字形等几何形状平面。就整体而言,重要建筑大都采用均衡对称的方式,以庭院为单元,沿着纵轴线与横轴线进行设计,借助于建筑群体的有机组合和烘托,使主体建筑显得格外宏伟壮丽。民居及风景园林则采用了"因天时,就地利"的灵活布局方式。

（三）中国古代建筑造型优美

中国古代建筑尤以屋顶造型最为突出,主要有庑殿、歇山、悬山、硬山、攒尖、卷棚等形式。

庑殿顶也好,歇山顶也好,都是大屋顶,显得稳重协调。屋顶中直线和曲线巧妙地组合,形成向上微翘的飞檐,不但扩大了采光面,有利于排泄雨水,而且增添了建筑物飞动轻快的美感。

（四）中国古代建筑的装饰丰富多彩

中国古代建筑的装饰包括彩绘和雕饰。彩绘具有装饰、标志、保护、象征等多方面的作用。油漆颜料中含有铜，不仅可以防潮、防风化剥蚀，而且还可以防虫蚁。色彩的使用是有限制的，明清时期规定朱、黄为至贵之色。彩画多出现于内外檐的梁枋、斗拱及室内天花、藻井和柱头上，构图与构件形状密切结合，绘制精巧，色彩丰富。明清的梁枋彩画最为瞩目。清代彩画可分为三类，即和玺彩画、旋子彩画和苏式彩画。

雕饰是中国古建筑艺术的重要组成部分，包括墙壁上的砖雕、台基石栏杆上的石雕、金银铜铁等建筑饰物。雕饰的题材内容十分丰富，有动植物花纹、人物形象、戏剧场面及历史传说故事等。北京故宫保和殿台基上的一块陛石，雕刻着精美的龙凤花纹，重达200吨。在古建筑的室内外还有许多雕刻艺术品，包括寺庙内的佛像，陵墓前的石人、石兽等。

（五）中国古代建筑特别注意跟周围自然环境的协调

建筑本身就是一个供人们居住、工作、娱乐、社交等活动的环境，因此不仅内部各组成部分要考虑配合与协调，而且要特别注意与周围大自然环境的协调。中国古代的设计师们在进行设计时都十分注意周围的环境，对周围的山川形势、地理特点、气候条件、林木植被等，都要认真调查研究，务必使建筑布局、形式、色调等跟周围的环境相适应，从而构成为一个大的环境空间。

实践操作

开展"话说家乡建筑"的模拟导游讲解活动

◎ 活动目的

能将书本上学习的知识运用到实践活动中，提高导游讲解技能。

✈ 活动要求

以小组为单位，通过实地考察，撰写出一篇关于当地古代建筑的导游词。

🖊 活动步骤

确定景点和线路，收集相关资料，小组共同完成一篇导游词。

💡 活动评价

小组评价，自我评价，教师评价。

拓展提升

收集家乡古代建筑资料,制作宣传小卡片。

项目小结

通过本项目学习,了解中国古代建筑的发展简史,传统思想在中国古代建筑中的体现;掌握中国古代建筑的基本构件和特点。

项目训练

一、单选题

1.中国土木结构的建筑历程分为雏形期、发展期、成熟期和高峰期,其中高峰期的时段是( )。

A.秦—汉　　　　　B.汉—魏　　　　　C.隋—宋　　　　　D.元—清

2.傣族的吊脚楼属于( )建筑结构类型。

A.穿斗式　　　　　B.抬梁式　　　　　C.干栏式　　　　　D.砖墙承重式

3.传统思想对古代建筑有很深刻的影响。主要体现在敬天祀祖、皇权至上、( )几个方面。

A.阴阳五行　　　　B.儒道思想　　　　C.祖先崇拜　　　　D.自然崇拜

二、多选题

1.台基的主要类型有( )。

A.普通台基　　B.较高级台基　　C.更高级台基　　D.最高级台基　　E.一般台基

2.彩画的种类有( )。

A.和玺彩画　　B.旋子彩画　　C.苏式彩画　　　D.普通彩画　　　E.民用彩画

三、判断题

1.中国古建筑以木材、砖瓦为主要建筑材料,以木构架结构为主要的结构方式。( )

2.中国古代建筑体现出的传统思想表现在敬天祀祖、皇权至上、阴阳五行。( )

能力训练

请以周围的一处建筑为例,撰写一篇导游词,并模拟讲解。

项目五
中国古典园林及古镇古村

🐼 项目目标

职业知识目标：

1.中国古典园林的概念。

2.中国古典园林的起源与发展。

3.中国古镇古村的建筑类别及代表。

职业能力目标：

1.通过中国古典园林及古镇古村概念的讲述及历史追溯,开阔学生的视野,增强学生对中国历史文化的了解。

2.通过对中国古典园林及古镇古村在中国建筑史中的地位、作用的分析,帮助学生深化对人文旅游资源板块的认识,从而更好地帮助他们进行导游工作方面的认识和学习。

职业素养目标：

培养学生对导游职业的兴趣和社会责任感。

知识框架

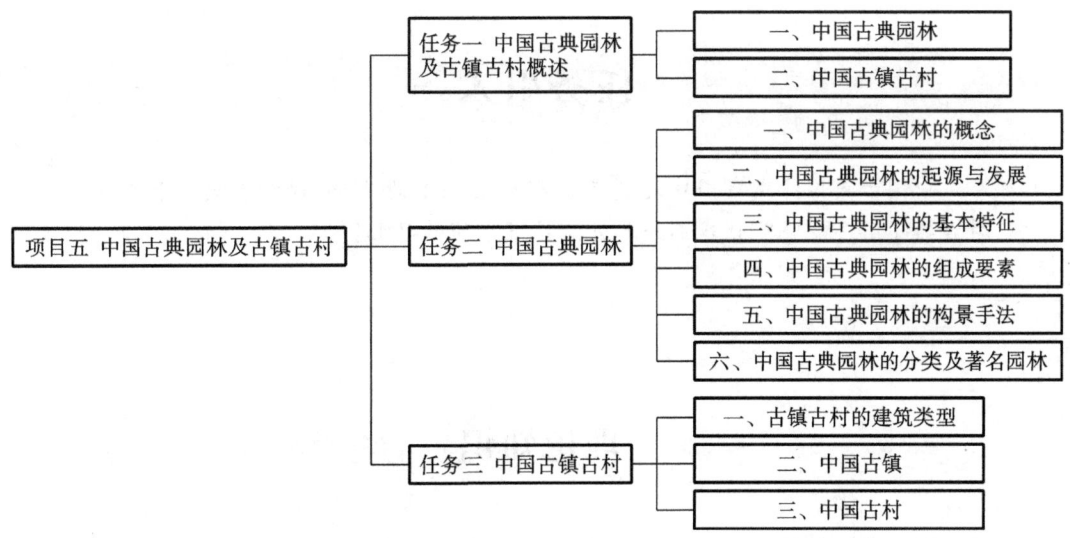

项目导入

　　苏州园林不仅名传天下,更是宝贵的世界文化遗产。"五一"黄金周期间,许多中外游人探访苏州的拙政园、留园、沧浪亭等世界文化遗产。但在节假日后,苏州市一位八旬退休教师却发出呼吁:部分导游曲解了园林文化,世界文化遗产正面临着"走样"的传播。这位教师所指的部分导游,是如何曲解园林文化的? 一向以园林文化、历史保护见长的苏州,真的面临如此隐忧吗?

　　案例分析:欣赏园林不仅仅是看景色、布局,更是对建筑艺术、民间习俗、礼仪伦理的领悟与参透。如园林中的鸳鸯厅一般是南北而建,有导游告诉游客,南厅是男人住的,北厅是女人住的,还说复廊外面的长廊是男人走的,因为男主外,里面的是女人走的,符合女主内的说法,这些都是无稽之谈。鸳鸯厅之所以分南厅与北厅,主要与季节和景色有关,南厅一般用于冬春季节居住,采光好,阳光足。北厅则用于夏秋季节乘凉、赏景,所以大多临水而建。复廊也是为借景而设,都没有男女之分。

 **任务一** 中国古典园林及古镇古村概述

任务引入

中国古典园林在我国建筑史上占有举足轻重的地位,你对古典园林和古村古镇了解多少呢?让我们一起开启接下来的学习吧!

理论知识

了解中国古典园林的特点和定义,了解中国古镇古村的规模。

一、中国古典园林

世界园林经过数千年的发展,主要形成了欧洲园林体系、西亚园林体系、以中国为代表的东方园林体系三大园林体系。以中国山水园林为代表的东方园林与西方园林截然不同。中国山水园林表现的是自然美。布局形式以自由、变化、曲折为特点,要求景物源于自然,又高于自然,使人工美和自然美融为一体,做到"虽由人作,宛自天开"。"虽由人作,宛自天开"是我国明朝著名造园艺术家和理论家计成在其所著的《园冶》一书中对园林建造提出的总体要求。意思是园林虽然由人工建造,却像自然形成,表现出自然天成的风景之美。

在世界三大园林体系里,中国山水园林艺术独树一帜,有自己独特的美学和艺术特点。它既有自然山水美的千姿百态,又凝集了社会美和艺术美的精华,体现了人与自然的和谐之美。

中国古典园林有着悠久的历史。被公认为"世界园林之母",它以追求自然精神境界为最终和最高目标,从而达到"虽由人作,宛自天开"的审美旨趣。我国古典园林艺术是人类文明的重要遗产,饱含着我国文明的特色,是我国五千年文明史造就的艺术珍品,是一个民族内涵品质的生动写照。我国的许多古典名园是世界旅游的亮点与热点,应对中国古典园林的文化内涵及审美情趣有较为深入的理解和阐述。

二、中国古镇古村

古镇古村是中国文化遗产的重要组成部分,它反映了不同地域、不同民族、不同经济社

会发展阶段聚落形成和演变的历史过程，真实记录了传统建筑风貌、不同的建筑艺术以及传统的民俗民风和原始的空间形态。古镇古村作为一种历史遗存，蕴藏了丰富的历史记忆及深厚的文化信息，作为先人生活和群居的一个特定样态和形式，古镇古村还包含文明进步的意义，它是历史发展的结果，也是社会变迁的结晶，具有深厚的文化内涵。

中国历史文化名镇名村，是由建设部和国家文物局从 2003 年起共同组织评选出的，目的是保存具有重大历史价值或有纪念意义的能比较完整地反映一些历史时期传统风貌和地方民族特色的古镇和古村。我国的历史文化名镇名村分布在 25 个省份中，包括太湖流域水乡古镇群、皖南古村落群、川黔渝交界古村镇群、晋中南古村镇群、粤中古村镇群等。

这些名镇名村中，既有乡土民俗型、传统文化型、革命历史型，又有民族特色型、商贸交通型，基本反映了中国不同地域历史文化村镇的传统风貌。

首批入选中国历史文化名镇的共有 10 个：山西省灵石县静升镇、江苏省昆山市周庄镇、江苏省吴江区同里镇、江苏省苏州市吴中区甪直镇、浙江省嘉善县西塘镇、浙江省桐乡市乌镇、福建省上杭县古田镇、重庆市合川区涞滩镇、重庆市石柱县西沱镇、重庆市潼南区双江镇。

首批入选中国历史文化名村的共有 12 个：北京市门头沟区斋堂镇爨底下村、山西省临县碛口镇西湾村、浙江省武义县俞源乡俞源村、浙江省武义县武阳镇郭洞村、安徽省黟县西递镇西递村、安徽省黟县宏村镇宏村、江西省乐安县牛田镇流坑村、福建省南靖县书洋镇田螺坑村、湖南省岳阳县张谷镇张谷英村、广东省佛山市三水区乐平镇大旗头村、广东省深圳市龙岗区大鹏镇鹏城村、陕西省韩城市西庄镇党家村。

任务二 中国古典园林

任务引入

中国古典园林在我国建筑史上占有举足轻重的地位，你对古典园林了解多少呢？让我们一起开启接下来的学习吧！

理论知识

了解中国古典园林的概念、园林的发展历程、园林的组成要素及园林的分类和著名园林代表。

一、中国古典园林的概念

"园林"一词最早见于梁朝沈约所著《宋书》中的《雉子游原泽篇》:"雉子游原泽,幼怀耿介心。饮啄虽勤苦,不愿栖园林。"园林,在中国古籍中根据不同的性质也称作园、圃、苑、庭园、山池、别业等。现泛指一定的地域范围内,利用并改造天然山水地貌或者人为地开辟山水地貌,结合植物的栽植和建筑的布置,从而构成一个供人们观赏、游憩、居住的环境。

二、中国古典园林的起源与发展

据有关典籍记载,我国造园应始于商周,其时称之为"囿"。商纣王"好酒淫乐,益收狗马奇物,充牣宫室,益广沙丘苑台,多取野兽飞鸟置其间……";周文王建灵囿,"方七十里,其间草木旺盛,鸟兽繁殖"。最初的"囿",就是把自然风光美丽的地方圈起来,放养禽兽,供帝王打猎,所以也叫游囿。皇帝、诸侯都有囿,只是规划和标准等级上不同,"皇帝百里,诸侯四十"。汉起称苑,汉朝在秦朝的基础上把早期的游囿,开展到以园林为主的帝王苑囿行宫,除布置园景供皇帝游憩之外,还举办朝贺,处理朝政。如上林苑,其始建于秦代,汉武帝将它扩建成一座规模宏大、功能多样的皇家园林。《三辅黄图》中记载汉武帝扩建后的上林苑中有"苑二十六、宫二十、观三十五",根据记载,这是造园者有意识地将人造景观和自然景观相结合的最早例作。

中国古典园林从公元前 11 世纪的奴隶社会后期直到 19 世纪末封建社会解体为止。在3000 余年漫长的、不间断的过程中形成了世界上独树一帜的风景式园林体系。我们可以将中国古典园林的发展历程分为五个时期。

(一)生成时期

最早见于史籍记载的园林形式是"囿",园林里面的主要构筑物是"台"。所以中国古典园林起源于帝王狩猎的"囿"和通神的"台",出现的第一个类型是皇家园林。而历史上最早的,有信史可证的皇家园林则是商朝末年纣王所建的"沙丘苑台"和周初文王所建的"灵囿""灵台""灵沼"。此为中国古典园林的雏形时期。特点是以自然景色为主,较少人工开发。

(二)奠基时期

秦始皇统一中国后,在都城咸阳修建上林苑,并"作长池,引渭水,筑土为蓬莱山"以供帝王游赏。其后汉武帝为了追求长生不老,按照方士所鼓吹的神仙之说在建章宫内开凿太液池,池中堆筑方丈、蓬莱、瀛洲三岛以模拟东海的所谓神仙境界。这就是后来历代皇家园林的主要模式"三山一池"的开启,也是将人造景观和自然景观相结合的先河。此为中国古典园林的奠基时期,在此期间,已开始有私人园林出现。

(三)转折时期

这一时期为魏晋南北朝时期。由于长期的战争和社会动荡,消极悲观情绪导致及时行乐思想的流行,儒家独尊的正统思想受到冲击,礼教束缚遭到反抗,崇尚玄学逃避现实、寄情山水成为社会风流,对中国古典园林的发展产生了很大的推动力。这一时期的园林从单纯的模仿自然,发展到艺术的加工,有意识地利用假山、水池、植物和建筑的组合来创造特定景观,形成了我国园林注重自然美的挖掘和景观构成艺术的传统特色,奠定了今后园林发展的主旋律。如《世说新语》记载石崇的"金谷园",石崇和众多士大夫都有描绘:"其制宅也,却阻长堤,前临清渠,柏木几于万株。江水周于舍下,有观阁池沼,多养鱼鸟。"同时由于佛教的传入和道教的流行,使寺观园林这一新的园林类型应运而生,奠定了中国古典园林三大类型并列发展的基础。此为中国古典园林的转折时期。

(四)鼎盛时期

唐宋时期,国家强盛,经济发达,在这样的政治、经济背景下,促进了文化艺术的昌盛。由于当时的山水、田园文学及山水画的发展,园林也渐渐注重诗情画意,出现了山水画、山水诗文、山水园林这三个艺术门类互相渗透的迹象,形成了文人写意的山水园林特色。这一时期造园之风盛行,帝王、官僚贵族、文人墨客本着对山水的艺术认识和生活需求,纷纷自建园林或参与造园,因地制宜地表现山水真情和诗情画意,并注重自然美和艺术美的巧妙结合,园林的发展进入鼎盛时期。隋代洛阳的西苑,唐代长安的大明宫、华清宫、兴庆宫都是当时著名的皇家园林。唐代的私家园林也很兴盛,并已有文人参与造园的事例,著名的"辋川别业"即由王维亲自规划。唐代长安还出现我国历史上的第一座公共游览性质的大型园林——曲江池。这一时期造园艺术和技术已经基本上达到了最高水平,而且逐渐形成地方风格。比较集中而具有一定风格特点的地区:北方以北京为中心,江南以苏州、湖州、杭州、扬州为中心,岭南以珠江三角洲为中心。这一时期风景式园林体系的内容和形式已经完全定型。

(五)高峰时期

明清时期,园林艺术进入精深发展阶段,无论江南的私家园林,还是北方的帝王宫苑,在设计和建造上都达到了炉火纯青的境界,并形成了南秀北雄的艺术风格。园林中以苏州、杭州、无锡、湖州、扬州等地的私家园林为代表的江南园林水平为最高,数量也多,所达到的艺术境界也最能表现当代文人所追求的"诗情画意"。清代自康熙以后历朝皇帝都有园居的习惯,在北京附近风景优美的地方修建了许多行宫园林。到乾隆年间,北京西北郊一带除了少数的寺庙园林外,几乎成为皇家经营园林的特区。呈现出"三山五园""万园之园""人间仙境"。成为北方皇家园林的鼎盛时期。它们上承汉唐的传统,又大量吸取了江南园林的意趣和造园手法,结合北方的具体条件而加以融汇,可谓兼具南北之长,形成我国封建社会后期园林发展史上的高峰。这一时期匠师们在广泛实践的基础上还刊行了多种专门性的造园理论著作,明末计成编著的《园冶》就是其中之一。《园冶》一书的精髓,可归纳为"虽由人作,宛自天开""巧于因借,精在体宜"两句话,这也是中国古代自然山水园林的造园要领。

三、中国古典园林的基本特征

与世界其他园林体系相比较,中国古典园林体系具有鲜明的个性。中国园林是大自然的缩影,园林景色体现中国山水诗和山水画的意境和情调,追求诗情画意是中国园林艺术的基本美学思想。

(一)出于自然,高于自然

中国古典园林绝非一般地利用或者简单地模仿自然风景构景要素的原始状态,而是有意识地加以改造、调整、加工、剪裁,从而表现一个精练概括的自然、典型化的园林。这就是中国古典园林的一个最主要的特点——本于自然而又高于自然。比如中国古典园林筑山是一项最重要的内容,历来造园都极为重视。从它们的堆叠章法和构图经营上,可以看到天然山岳构成规律的概括、提炼。在很小的地段上展现咫尺山林的局面。

(二)建筑美与自然美的融合

中国古典园林建筑无论多寡,也无论其性质、功能如何,都力求与山、水、花木这三个造园要素有机地组织在一系列风景画面之中。突出彼此协调、互相补充的画面,从而在总体上使得园林的建筑美与自然美融合起来,达到一种人工与自然高度协调的境界。优秀的园林作品,尽管建筑物比较密集也不会让人感觉到困于建筑空间之内。虽然处处有建筑,却处处洋溢着大自然的盎然生机。

(三)诗画的情趣

中国传统文化中的山水诗、山水画深刻表达了人们寄情于山水之间,追求超脱,与自然协调共生的思想。因此,山水诗和山水画的意境就成了中国传统园林创作的目标之一。中国古典园林的创作运用各个艺术门类之间的触类旁通,将诗画艺术体现于园林艺术之中。而优秀的园林作品,则无异于凝固的音乐、无声的诗歌、立体的画卷。

(四)意境的含义

意境是中国艺术的创作和鉴赏方面的一个极重要的美学范畴。简单说来,意即主观的理念、感情,境即客观的生活、景物。意境产生于艺术创作中两者的结合,即创作者将自己的感情、理念体现于客观生活、景物之中,从而引发鉴赏者的情感激动和理念联想。意境的含义既深且广,其表述的方式必然丰富多样。归纳起来,大体上有三种不同的情况。其一,借助于人工的叠山理水将大自然山水风景模拟于咫尺之间。其二,预先设定一个意境的主题,然后借助于山、水、花木、建筑所构配成的物境将这个主题表述出来,从而传达给观赏者以意境的信息。其三,意境并非预先设定,而是在园林建成之后再根据现成物境的特征做出文字的点题——景题、匾、联、刻石等。

四、中国古典园林的组成要素

(一)筑山

中国园林最典型、最有特色的造园手法要数创造假山。秦汉的上林苑开创了人工造山的先例。东汉梁冀开创了对自然山水模仿的先例。此后历朝历代均在前朝的基础上对叠山手法的运用有所发展。

假山又可以分为土山、石山、土石结合山三种类型,其中以土山出现最早。土山最早的工程手法始于秦汉,在平地造园中采用的挖湖堆山,也是最早的土山。后因土山容易造成水土流失,便在山脚用石块垒砌防护,产生土石假山,后因土石山到一定高度后需占很大地盘,故而出现了石山。

假山的创造使得中国园林将祖国河山缩于庭中同时也使得山水相团,"山因水而活,水因山而媚"。最著名的江南三大奇石包括苏州的瑞云峰、杭州西湖的绉云峰、上海豫园的玉玲珑(见图 5-1)。

图 5-1　上海豫园的玉玲珑

(二)理池

在《园冶》中记载:"池上理山,园中第一胜也。"把这种山与水相互依存、相互映照的池山排为园林中第一的景致。

古代园林理水之法,一般有三种:一为掩,以建筑和绿化将曲折的池岸加以掩映。二为隔,或筑堤横断于水面,或隔水浮廊可渡。正如计成在《园治》中所说:"疏水若为无尽,断处通桥",如此则可增加景深和空间层次,使水面有幽深之感。三为破,水面很小时,如曲溪绝涧、清泉小池,可用乱石为岸。如北京颐和园的昆明湖(见图 5-2)。

(三)植物

植物是造山理池不可缺少的元素。花木对园林山石景观起衬托作用,又往往和园主追求的精神境界有关。如竹子象征人品清逸和气节高尚,松柏象征坚强和长寿,莲花象征洁净无瑕,兰花象征幽居隐士,玉兰、牡丹、桂花象征荣华富贵,石榴象征多子多孙,紫薇象征高官厚禄等。

古树名木对创造园林气氛非常重要。古木繁花,可形成古朴幽深的意境。所以如果建

图 5-2 颐和园昆明湖

筑物与古树名木矛盾时，宁可挪动建筑以保住大树。计成在《园冶》中说："多年树木，碍箭檐垣，让一步可以立根，研数桠不妨封顶。"

（四）建筑

古典园林都采用古典式建筑。古典建筑斗拱梭柱，飞檐起翘，具有庄严雄伟、舒展大方的特色。它不只以形体美为游人所欣赏，还与山水林木相配合，共同形成古典园林风格。

园林建筑物（见图 5-3）常作景点处理，既是景观，又可以用来观景。因此，除去使用功能，还有美学方面的要求。楼台亭阁，轩馆斋榭，经过建筑师巧妙的构思，运用设计手法和技术处理，把功能、结构、艺术相统一，成为古朴典雅的建筑艺术品。

图 5-3 苏州园林

常见的建筑物有以下几种。

榭：建于水边或花畔，借以成景。平常为长方形，多开敞或设窗扇。一般三面临水。

轩：小巧玲珑、高敞精致的建筑，可临水观鱼或品评花木。

舫：仿照舟船造型的建筑，常建于水际或池中。著名的舫有北京颐和园的清晏舫、南京煦园的不系舟等。

亭：一种开敞的小型建筑物，主要供人休憩观景。著名的亭有绍兴的兰亭、安徽滁州的醉翁亭、湖南岳麓山的爱晚亭等。

廊:"一步一景,景随步移",多半是在廊中的感觉。造园师总是用这种建筑将园内各个散落的景点串连起来。廊不仅有交通的功能,更有观赏的作用。最著名的是北京颐和园的彩画长廊。

桥:一般是拱桥、平桥或廊桥,这种建筑不仅有增添景色的作用,而且可以在视觉上产生扩大空间的作用。著名的桥有西湖的苏堤六桥。

(五)书画

中国古典园林的特点是在幽静典雅当中显出物华文茂。"无文景不意,有景景不情",书画墨迹在造园中有润饰景色、揭示意境的作用。园中必须有书画墨迹并对书画墨迹做出恰到好处的运用,才能"寸山多致,片石生情",从而把以山水、建筑、树木花草构成的景物形象,升华到更高的艺术境界。

五、中国古典园林的构景手法

(一)抑景

在园中起屏障作用的景观。中国传统艺术历来讲究含蓄,所以园林造景也绝不会让人一走进门口就看到最好的景色,最好的景色往往藏在后面,这叫做"先藏后露""欲扬先抑""山重水复疑无路,柳暗花明又一村",采取抑景的方法,才能使园林显得有艺术魅力。

(二)添景

在空间较单调而无景色层次感的地方,增添某种景观而增加层次性。当风景点在远方,或自然的山,或人文的塔,如没有其他景点在中间、近处作为过渡,就显得虚空而没有层次;如果有乔木、花卉作为中间、近处的过渡景,景色则显得有层次美,这中间的乔木和近处的花卉,便叫做添景。如当人们站在北京颐和园昆明湖南岸的垂柳下观赏万寿山远景时,万寿山因为有倒挂的柳丝作为装饰而生动起来。

(三)夹景

当风景点在远方,或自然的山,或人文的建筑(如塔、桥等),它们本身都很有审美价值,如果视线的两侧大而无当,就显得单调乏味;如果两侧用建筑物或树木花卉屏障起来,使景点更显得有诗情画意,这种构景手法即为夹景。如在颐和园后山的苏州河中划船,远方的苏州桥主景,为两岸起伏的土山和美丽的林带所夹峙,构成了明媚动人的景色。

(四)对景

对景即两个景致相隔一定的空间彼此遥遥相对,可使游人观赏到对面景色。

(五)框景

框景是用有限的空间框架去采收无限空间的局部画面的构景方法。园林中的建筑的门、窗、洞,或乔木树枝抱合成的景框,往往把远处的山水美景或人文景观包含其中,这便是框景(见图 5-4)。

图 5-4 苏州园林框景应用

（六）漏景

这是通过院墙或廊壁上各种造型的窗,将园内外的景致组合在一起,以扩大视野,丰富有限空间内容的一种方法。

（七）借景

多是立体景观的构景手法,即将园外甚至更远的景观组合到园内某一方向的立体景观,使之景深增加,层次丰富。借远方的山,叫远借;借邻近的大树,叫邻借;借空中的飞鸟,叫仰借;借池塘中的鱼,叫俯借;借四季的花或其他自然景象,叫应时而借。如北京西面的玉泉山塔被借景到颐和园景区中,使远山古塔和园林相互交融。

六、中国古典园林的分类及著名园林

中国古典园林依据不同方法有多种分类,但主要有以下两种分类方式,按园林性质的从属关系划分,主要分为皇家园林、私家园林（宅第园林）、寺庙园林以及自然风景园林;按地域和园林艺术风格划分,主要分为北方园林、江南园林、岭南园林和蜀中园林四种。北方园林以北京和承德等地的皇家园林及王府园林为代表,江南园林、岭南园林以私家园林为代表。另外,江南园林以苏州、扬州园林为代表,岭南园林以广东四大名园为代表。

（一）按从属关系划分的类型

1. 皇家园林
皇家园林是历史上帝王营造的离宫别馆,专供帝后游乐、居住之用。与规模巨大、象征至高无上皇权的帝王宫殿有着相仿的规制,往往建筑庞大、装饰奢华、色彩绚烂。皇家园林主要分布在古代都城以及都城郊野的自然山水之中,有的也选择在离都城较远的风景胜地。

现存的皇家园林主要是明清两代的遗物,其中以北京颐和园保存最为完整,其他如始建于辽金时代的故宫西苑北海、中南海以及始建于清代康熙年间的承德避暑山庄(见图5-5),都有着相当的规模。最负盛名的"万园之园"圆明园,是清代经营了一百多年的皇家园林,1860年毁于英法联军之手,只剩下残基废址,但未毁以前的宏伟的规模和高超的造园艺术。其被记录在大量的文字和图绘之中,至今人们仍将其作为皇家园林的典范进行研究。

图5-5　承德避暑山庄

2. 私家园林

如果说皇家园林是与宫殿建筑同步发展的产物,那么私家园林应该和中国民居有着不可分割的关系。私家园林比起皇家园林,规模要小得多,一般不能将自然山水圈入园中。但正是在突破这些不利因素的制约过程中,国家园林形成了以小中见大、造园手法丰富多样的特色。

现存的私家园林,多半是明清两代的作品,年代早的可以追溯至宋元时期,绝大多数则为清中叶以后所兴造。私家园林大都为官僚、地主、富商以及文人的宅园,分布地区较为广泛,以江浙带最为集中,岭南地区也有不少遗存。其中以苏州的沧浪亭、狮子林、拙政园、留园,扬州个园,无锡的寄畅园和广东顺德的清晖园最为著名。一般公认苏州和扬州的私家园林是这类园林的代表,艺术成就最高,风格也最为典型。

3. 寺庙园林

寺庙园林附属于寺庙,以烘托宗教主体建筑的庄严、肃穆和神秘为宗旨,有超脱尘俗的精神审美功能。寺庙园林具有一定的公共性,对香客、善人、信徒开放,不同于皇家园林和私家园林的私有性,是宗教建筑与园林相结合的产物。宗教寺庙园林选址多远离城市,园内主要种植松柏,依据不同地理环境,创造出具有宗教文化内涵的特色园林。

寺庙园林主要有两种不同风格,一种是以自然为主的寺庙园林,另一种是以建筑为主的寺庙园林。自然为主的寺庙园林大多选择远离城市的名山大川,环境容量大,融真山真水于一体,将静穆、朴实的优美环境完全融于自然山水之中。这种嵌缀在自然山水之中的园林往往和风景园林交混存在,成为自然风景园林的组成部分。建筑为主的寺庙园林则多位于城市,魏晋南北朝盛行"舍宅为寺"的风气,贵族、官僚等将自己的住宅捐献成为佛寺,因此格局与私家园林宅院相似,但寺庙园林比较严整,没有私家园林那么曲折幽深。

代表性的寺庙园林有北京的潭柘寺、戒台寺,太原晋祠,苏州西园,杭州灵隐寺,承德外八庙等等。

4. 自然风景园林

这类园林在古代中国园林中最具开放性。自然风景园林离城市大都不远,如杭州的西湖、扬州的瘦西湖、济南的大明湖等可以划入自然风景园林类型之中。这类园林是在自然山水中发展起来的,历代都有兴败,有的几经兴毁而保留到现在。自然风景园林由于它的公用性和其地处交通方便的自然景区里,因而与市民生活关系密切,与乡土文化、民间传说、地方人物关系源远流长。有些自然风景园林四方游客不断,骚人墨客题咏不绝,容易成为著名的历史人文景观。

我的资料夹

中国四大园林:北京颐和园、河北承德避暑山庄、江苏苏州留园、江苏苏州拙政园。
苏州四大园林:狮子林、留园、沧浪亭、拙政园。

(二)按地域和园林艺术风格关系划分的类型

1. 北方园林

北京是我国北方城市中园林最集中之处,其中大部分是古代皇帝的御园,如圆明园、北海、中南海、颐和园、玉泉山等。这些皇家园林在建造时集中了全国的人力、物力和财力,规模宏大,建造精良,是我国古典园林中的精华。另外,北京还有许多皇亲国戚和官僚建造的私家园林,现存较为完好的有恭王府花园、承泽园等。

北方还保留了一些历史较悠久的古园,如山西新绛的绛守居园池,建于隋开皇十六年(596年),至今还丘墅残存,是我国留存最早的园林遗址;再如山东青州的偶园、西安骊山的华清池、山东潍坊的十笏园和曲阜孔府的铁山园等,亦均是北方园林中的代表。

2. 江南园林

江南园林常是住宅的延伸部分,基地范围较小,因而必须在有限空间内创造出较多的景色,于是"小中见大""以一当十""借景对景"等造园手法得到了十分灵活的应用,留下了不少巧妙精致的佳作。如苏州网师园殿春簃北侧的小院落,十分狭窄地嵌在书斋建筑和界墙之间,而造园家别具匠心地在此栽植了青竹、芭蕉、蜡梅和南天竹,还点缀了几株松皮石笋,这些植物和石峰姿态既佳,又不占地,非常耐看。

3. 岭南园林

岭南园林主要指广东珠江三角洲一带的古园。现存著名园林有顺德清晖园、东莞可园、广州余荫山房及佛山梁园,人称"岭南四大名园"。

4. 蜀中园林

四川虽地处西南,但历史悠久、文化发达,园林亦源远流长,富有自己的特色。蜀中园林较注重文化内涵的积淀,一些名园往往与历史上的名人轶事联系在一起。如邛崃城内的文君井,相传是在西汉司马相如与卓文君所开酒肆的遗址上修建的,井园占地6000多平方米,以琴台、月池、假山等为主景。再如成都杜甫草堂(见图5-6)、武侯祠、眉山三苏祠、江油太白故居等园林,均是以纪念历史名人为主题的。蜀中园林往往显现出古朴淳厚的风貌,常常将田园之景组入园内。另外,园中的建筑也较多地吸取了四川民居的雅朴风格,山墙纹饰、屋面起翘以及井台、灯座等小物亦是古风犹存。

图5-6 杜甫草堂

任务三 中国古镇古村

任务引入

中国的古镇古村形成源远流长,你对古镇古村的了解有多少呢?让我们一起开启接下来的学习吧!

理论知识

了解古镇古村的类型及古镇古村的建筑组成要素。

几千年的文化传承和历史流转，在中华大地上留下了无数各具特点的古镇古村。这些古镇古村拥有独特的建筑风貌、丰富的历史遗迹、古朴的环境氛围，而仍生活在这些古镇古村上的人们，他们传统的生活方式、闲适的生活节奏、原始的民风民俗，也都是古镇古村风貌不可或缺的组成部分。

一、古镇古村的建筑类型

古镇古村中的建筑大致分为两大类型：一类是住宅民居建筑，一类是公共建筑，如祠堂、寺庙、戏台、牌坊、街道等等。这两类建筑通常都具有浓厚的地方特色和乡土气息，历经百年、千年的古街、古桥、古宅院都具有古朴自然而内涵深厚的文化底蕴。

（一）民居建筑

民居就是人们居住的建筑，是中国最基本的建筑类型，也是分布最广且数量最多的建筑。

1. 合院式民居

合院式民居是中国民居中十分常见的一种，以围合起来的院落为基本形式，四合院就是其典型代表。四合院大规模出现在元代时的北京地区，四合院故名是东南西北四个朝向的房子围合起来形成的内院式住宅（见图5-7）。典型代表有山西王家大院、河南天井院等。

图 5-7　北京四合院

2. 窑洞式民居

窑洞是中国西北黄土高原上居民的古老居住形式。黄土高原上黄土层有不易坍塌的特性，当地人利用这一特点，在靠山崖和土坡的坡面上向内挖掘，凿洞而居。

3. 干栏式民居

干栏式民居是中国西南地区分布广泛的一种民居形式,尤其是苗族、傣族等少数民族聚居地。当地人用木材或竹子,建起两层的构架,下层一般空敞,用以饲养牲畜或储物,上层住人,四面出廊,这些廊棚的柱子不落地,这样一来廊子犹如悬在半空,所以又被称为"吊脚楼"(见图 5-8),这种建筑可通风防湿,还可以防止山间野兽侵袭。

图 5-8　四川吊脚楼

4. 土楼民居

在福建省南部的永定、龙岩、漳州一带的乡村古镇,普遍存在一种土楼民居(见图 5-9)。每一栋土楼的体积都很大,用夯土墙作为承重结构,平面形式有方形、圆形、五角形、八卦形、半月形等,以方楼和圆楼为主。土楼一般高三四层,其中房间多达数十间,可以容纳几十户人家、数百人的生活。

图 5-9　福建土楼

古时福建地区战乱频繁,盗匪横行,于是人们建起高大坚固如堡垒般的土楼,一个家族的男女老幼都聚居在一起。土楼墙体厚重坚固,有的土楼甚至在三四层上开设枪眼,以抵御外敌。楼内还有谷仓、水井、牲畜棚圈等设施,如遇外敌围困可坚持数月之久。

（二）公共建筑

古镇中的公共建筑类型十分丰富，常见的公共建筑包括祠堂、寺庙、戏台、牌坊等。

1. 祠堂

祠堂是一个家族祭祀祖先的地方，明朝嘉靖年间，政府"许民间皆立宗立庙"，到了清朝，民间宗祠大量出现。

2. 戏台

戏台常设于村镇最繁华的地段，用于逢年过节戏班演戏或举行典礼仪式。戏台一面或三面开敞，戏台多雕梁画栋，风格华丽（见图 5-10）。

图 5-10　古戏台

3. 牌坊

牌坊又称牌楼，是中国传统的门洞式纪念性建筑物，盛行于明清时期，被广泛用于旌表功德、标榜荣耀。牌坊建筑不仅建筑结构自成一体，而且通常集雕刻、绘画、匾额文辞和书法等多种艺术于一体，集中体现古人的生活理念、道德观念和民风民俗，具有很高的审美价值和深刻的历史文化内涵。

二、中国古镇

（一）浙江乌镇

乌镇位于浙江省桐乡市，地势平坦，河流纵横交织，气候温和湿润，物产丰富，素有"鱼米之乡、丝绸之府"之称，是典型的江南古镇。

乌镇历史悠久,春秋时期,吴国曾在此屯兵,唐咸通十三年(872 年)建镇。十字形的内河水系将全镇划分为东南西北四个区块,当地人分别称之为"东栅、南栅、西栅、北栅"。乌镇具有典型的江南水乡特征,至今仍完整地保存着晚清和民国时期水乡古镇的风貌和格局,以河成街,街桥相连,依河筑屋,水镇一体。

(二)江苏同里古镇

同里古镇(见图 5-11)位于江苏省苏州市吴江区,建于宋代,至今已有一千多年的历史,是江南名副其实的水乡古镇。同里镇风景优美,镇外四面环水,为五个湖泊环抱,由网状河流将镇区分割成七个岛。同里因水多,桥也多,镇内共有大小桥梁四十多座,大多建于宋以后。呈"品"字形架设在河道上的太平、吉利、长庆三座古桥是最著名的婚嫁之桥。

图 5-11　同里古镇

(三)江西景德镇

景德镇历史悠久,雄踞于长江之南,素有"江南雄镇"之称,历史上与广东佛山、湖北汉口、河南朱仙镇并称为"全国四大名镇"。以陶瓷文化享誉世界,有"瓷都"的美誉,被赞为千年窑火不断。汉朝起,景德镇境内已经开始出现了制陶工艺。

到东晋时期,设立新平镇,而且"镇民多业陶",初步形成了陶瓷业;北宋景德年间,因进献的瓷器贡品为当时人们所称道,且底部有"景德年制"字样,人们皆称之为"景德瓷器",而景德镇的名称则源于此时。同期,也出现了我国第一本陶瓷专著《陶记》。

(四)湖南凤凰古城

凤凰古城又名"沱江镇",位于湖南省湘西土家族苗族自治州凤凰县。紧邻沱江,以境内的凤凰山而得名。凤凰古城始建于清康熙年间,历经 300 多年,城内青石板桥,江边木构吊脚楼及朝阳宫、杨家祠堂等古建筑仍风貌犹存。凤凰古城在明代时为五寨长官司治所,建有土城。清康熙年间,将之改为石城。古城既有军事防御作用,又有城市防洪功能。

（五）四川黄龙溪古镇

黄龙溪古镇（见图 5-12）位于成都市双流区境内，至今已有 1700 余年的历史，历来是成都南面的军事重镇。黄龙溪东临府河，北靠牧马山，旧时水运交通十分发达，外来商客很多，航运上达成都，下通重庆，是水路运输的重要码头。这里依山傍水，风景秀丽，现存的民居多为明清时期的建筑。主街道由石板铺就，两旁是飞檐翘角干栏式吊脚楼，一家挨一家。楼下临街的都是店铺，乌黑发亮的门板，古色古香的招牌，透着浓浓古意。古民居、古牌坊、古寺庙、古榕树浑然一体。

古龙寺是黄龙溪修建最早的寺庙，以古寺庙、古戏台、古榕树"三古"相结合而著称。古龙寺的古戏台名为"万年台"，建于清初，距今已有 300 多年历史，是黄龙溪古代九个戏台中仅存的一个。万年台院坝南北各有一棵古榕树，据考均已有 900 多年历史。

图 5-12　黄龙溪古镇

三、中国古村

古村是以宗族聚居为特色，以居住和生活功能为主的居民点。古村有着原汁原味的原生态文化，传统的风水文化、宗教文化、淳朴的民俗文化等都在古村中有所体现。中国的古村一般依山靠水，依地势而建，开凿水渠、池塘，广种树木花草。分布各种民居建筑、祭祀建筑、娱乐建筑等。

（一）中国画里的乡村——宏村

宏村位于"桃花源里人家"——黟县，始建于北宋时期，距今已有千年历史。现存明清时期民居 140 多栋，村内的层楼叠院与湖光山色交相辉映，动静相宜，处处是景，步步入画。村内的水系、街道、建筑甚至室内布置都完整地保存了古村落的原始形态，被誉为"中国画里的乡村"。

承志堂建于清咸丰五年（1855 年），位于宏村水圳中段，原是清末大盐商汪定贵的住宅。

该堂为砖木结构楼房,气势恢宏,工艺精细,其正厅横梁、斗拱、花门、窗棂上的木刻,层次繁复、人物众多,人不同面,堪称徽派三雕艺术中的木雕精品。全屋不仅有内院、外院、前堂、后堂、东厢、西厢,还有书房厅、鱼塘厅、厨房、马厩等。前厅是整幢房子中的精华,国内罕见的"倒立双狮戏球"式木雕栅托,厅堂两侧卧室的厢房门上的"福、禄、寿、喜"四星雕和"八仙"雕,横梁上雕的那幅"唐肃宗宴官"图,都是木雕中的精品之作。整个承志堂气势恢宏,不同凡响,有"民间故宫"之美誉。

(二)世界上最美的村庄——西递村

西递坐落于安徽省黄山黟县,由于河水向西流经这里,原称"西川",又因古有递送邮件的驿站,故得名西递(见图5-13)。西递村始建于北宋,是一处以宗族血缘关系为纽带,胡氏家族聚族而居形成的古村落。18世纪到19世纪,西递的繁荣达到顶峰,当时村里大约有600座华丽的住宅。西递是古民居建筑的艺术宝库,至今尚保存古朴典雅的明清民居一百余幢。徽派建筑错落有致。所有街巷均以青石铺地,古建筑为木结构、砖墙维护,木雕、石雕、砖雕丰富多彩,巷道、溪流、建筑布局相宜。

西递村口的胡文光刺史牌楼,俗称"西递牌楼",明万历六年(1578年),皇帝批准在此建了这座功德牌坊,以表彰从西递村走出的官员胡文光在任期间对民众做的善事。胡文光刺史牌楼与徽州各地的牌坊式样不同,有5个层次分明的楼阁,称为"楼阁式"。它高12.3米,宽9.95米,石雕古朴精湛,造型富丽堂皇。

图 5-13　西递古村

(三)中国风水第一村——呈坎村

被朱熹誉为"呈坎双贤里,江南第一村"的呈坎村位于黄山市徽州区北部。呈坎古名龙溪,自唐末江西南昌府秋隐、文昌罗氏二兄弟举家迁此"择地筑是而居"易名呈坎以来,已有1000多年历史,是我国当今保存最好的古村落之一。

呈坎整个村落按照《易经》八卦风水理论选址布局,"呈"即向上为"天","坎"即洼下为"地",一条古老的龙溪河呈"S"形由北向南穿村而过,形成八卦阴阳鱼的分界线,村庄南北的两座庙宇,像鱼的眼睛分列左右;村外四周的八座山峰,正好组成了八卦的八个方位。村里面的三条街、九十九条巷,巷巷相通,犹如棋盘迷宫。所有的一切,构成了一幅完美的八卦图,至今人们仍无法解开其中之谜,这更使呈坎成为中国古村落建筑史上的一大奇迹。

(四)世界上最美的土楼群——田螺坑村

田螺坑,顾名思义:因地形像田螺,四周群山高耸,中间地形低洼,形似坑,故名田螺坑。主体是由方形的步云楼和圆形的振昌楼、瑞云楼和昌楼以及椭圆形的文昌楼和其他夯土建筑组成的一个村落。五座土楼不仅造型奇特,而且疏密有致,是福建诸多土楼建筑中最壮观、最典型、最集中、最具代表性的一处景观。

土楼群中年代最早的步云楼(方楼)建于清嘉庆年间(1796 年),最晚的文昌楼建于 1966年。这个土楼群是在一个较长的阶段内逐渐形成的,清嘉庆年间是此地土楼修建的开始及高潮,有三座土楼在这一阶段建成。五座土楼是三层通廊式楼门,均坐东北朝西南。土楼内,每层用木构回廊连接各户;楼内院是宽敞的天井,各种生活设施齐全,适合大家族聚族而居。几百年来,这五座土楼就是田螺坑黄氏客家家族共有的家园,他们在楼里不分辈分大小,一律平等,和睦相处。

(五)彝族第一村——迤沙拉村

迤沙拉村始建于明洪武年间,距今已有 600 多年历史。古村是攀枝花市的"南大门"。东临金沙江,与凉山州会理县隔江相望。迤沙拉为彝族语的读音,译为汉语是"水漏下去的地方"。全村彝族占据了总人口的 96%,是汉族和彝族生活习俗高度融合的"中国第一彝族自然村"。迤沙拉民族文化旅游区由核心里颇彝族文化山寨区、古驿道旅游区、诸葛大营、葡萄沟现代观光农业区等数十个景点组成。

迤沙拉以其悠久的移民历史和独特的驿站地位,处于金沙江畔我国两个最大的彝族自治州凉山和楚雄州的结合部的优越地理位置,从而成为我国移民史、西南驿道史、民族村镇史、彝汉交往史等问题的最佳研究对象。

迤沙拉村的建筑,非常讲究布局和街巷设计。村子里街巷门肆、骡马客栈,大多依照祖先留下的体例而筑。村民家家有院,土木结构,一正两厢,四合五井,白墙青瓦,高瓴飞檐。板壁雕刻太阳纹饰,"只刻不画",颇多江南神韵遗风。走进迤沙拉的高墙小巷,让人顿生仿佛置身江南农村小镇的奇异感觉。

实践操作

完成一次"中国古典园林"讲解

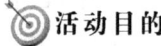 活动目的

能将书本理论知识运用到实践活动中,提升导游讲解技能。

活动要求

某旅行社带领一个团队来到苏州参观拙政园,请在途中为游客们选取其中一个景点进行"中国古典园林"讲解,以小组为单位,完成模拟导游讲解。

活动步骤

确定本小组讲解的园林景点,收集相关资料,共同完成一篇导游词。

活动评价

小组评价、自我评价、教师评价。

拓展提升

分享网络上找到的有趣的园林建筑或古镇遗迹故事。

项目小结

通过项目五的学习,了解了园林的概念,了解了中国园林的起源、发展、分类、造园手法等内容,能够更好地认识古镇古村有关的景区景点,明白中国古典园林建筑在旅游行业中的意义。

项目训练

一、单选题

1. 园林构成四大要素有(　　　)。

A. 筑山,理水,植物,动物　　　　　B. 筑山,建筑,动物,植物

C. 筑山,理水,植物,建筑　　　　　D. 理水,植物,建筑,动物

2. 不是苏州四大名园的是(　　　)。

A. 辋川别业　　　B. 拙政园　　　C. 狮子林　　　D. 沧浪亭

3. 被公认为"世界园林之母"的是(　　　)。

A. 西亚园林　　　B. 中国古典园林　　C. 罗马花园　　　D. 欧洲几何规则园林

4.《园冶》一书是(　　　)所著。

A. 唐计成　　　B. 宋计成　　　C. 元计成　　　D. 明计成

5. 首批入选中国历史文化名村的村落有(　　　)个。

A. 10　　　　　B. 20　　　　　C. 30　　　　　D. 40

6. 中国最早开始造园是在(　　)时期。

A. 夏　　　　　　　B. 商　　　　　　　C. 秦　　　　　　　D. 汉

7. 中国最早的一座公共游览性质的大型园林是(　　)。

A. 大明宫　　　　　B. 金谷园　　　　　C. 曲江池　　　　　D. 灵沼

8. 被誉为万园之园的是(　　)。

A. 圆明园　　　　　B. 颐和园　　　　　C. 北海　　　　　　D. 承德避暑山庄

9. 主要分布在中国黄土高原上的古老民居建筑形式是(　　)。

A. 合院式　　　　　B. 窑洞式　　　　　C. 干栏式　　　　　D. 土楼式

10. 同里古镇始建于(　　)朝,距今有 1000 多年历史。

A. 唐　　　　　　　B. 宋　　　　　　　C. 元　　　　　　　D. 明

二、多选题

1. 世界三大园林体系包括(　　)。

A. 欧洲　　　　　　B. 西亚　　　　　　C. 中国　　　　　　D. 印度

2. 假山可以结合山的三种类型是(　　)。

A. 土山　　　　　　B. 石山　　　　　　C. 山石　　　　　　D. 土石

3. 汉武帝时,在建章宫太液池修筑(　　)三座仙山。

A. 蓬莱　　　　　　B. 鄂州　　　　　　C. 方丈　　　　　　D. 瀛洲

4. 中国古代自然山水园林的造园要领包括(　　)。

A. 虽有人作,宛自天开　　　　　　B. 诗情画意

C. 巧于因借,精在体宜　　　　　　D. 体现中国山水精华

5. 江南三大奇石包括(　　)。

A. 苏州冠云峰　　　B. 苏州瑞云峰　　　C. 杭州绉云峰　　　D. 上海玉玲珑

6. 以下属于中国古典构景手法的有(　　)。

A. 添景　　　　　　B. 框景　　　　　　C. 夹景　　　　　　D. 借景

7. 中国四大名园包括(　　)。

A. 颐和园　　　　　B. 承德避暑山庄　　C. 留园　　　　　　D. 拙政园

8. 以下不属于寺庙园林的有(　　)。

A. 晋祠　　　　　　B. 拙政园　　　　　C. 承德避暑山庄　　D. 留园

9. 古镇古村中的建筑一般分为(　　)两大类。

A. 住宅民居　　　　B. 祭祀的祠堂　　　C. 公共建筑　　　　D. 古桥古街

10. 中国四大名镇有(　　)。

A. 江西景德镇　　　B. 河南朱仙镇　　　C. 广东佛山镇　　　D. 湖北汉口镇

三、判断题

1. 成都杜甫草堂属于蜀中园林。(　　)

2. 中国风水第一村是呈坎村。(　　)

3. 从明代开始,景德镇境内就开始出现制陶工艺了。(　　)

4. 有"民间故宫"之称的是西递村的承志堂。(　　)

5. 土楼建筑主要分布在福建南部的永定、龙岩、漳州一带。（　　）

6. 北京是中国园林最集中的城市。（　　）

7. 中国现存的私家园林，多半是明清两代的作品，年代早的可以追溯至宋元时期。（　　）

8. 轩一般是三面临水的建筑。（　　）

9. 园林一词最早见于梁朝沈约所著的《宋书》。（　　）

10. 古龙寺是黄龙溪修建最早的寺庙，以古寺庙、古戏台、古榕树"三古"相结合而著称。（　　）

能力训练

小林在暑假做兼职导游，带领游客游览成都，请你帮小林搜集成都周边古镇古村的资料。

项目六
中国民族民俗

🐼 **项目目标**

职业知识目标:

让学生熟悉中国主要少数民族的传统聚居地、风俗习惯、主要节日、民族服饰和相关禁忌。

职业能力目标:

1.学生能运用相关知识点创作导游词。

2.能在带团过程中,提醒游客注意尊重当地少数民族风俗习惯。

职业素养目标:

1.培养学生民族自豪感,树立56个民族是一家的民族自信心,愿为祖国导游事业添砖加瓦。

2.培养和提升学生团队合作精神,树立爱岗敬业的工作责任心和工作态度。

知识框架

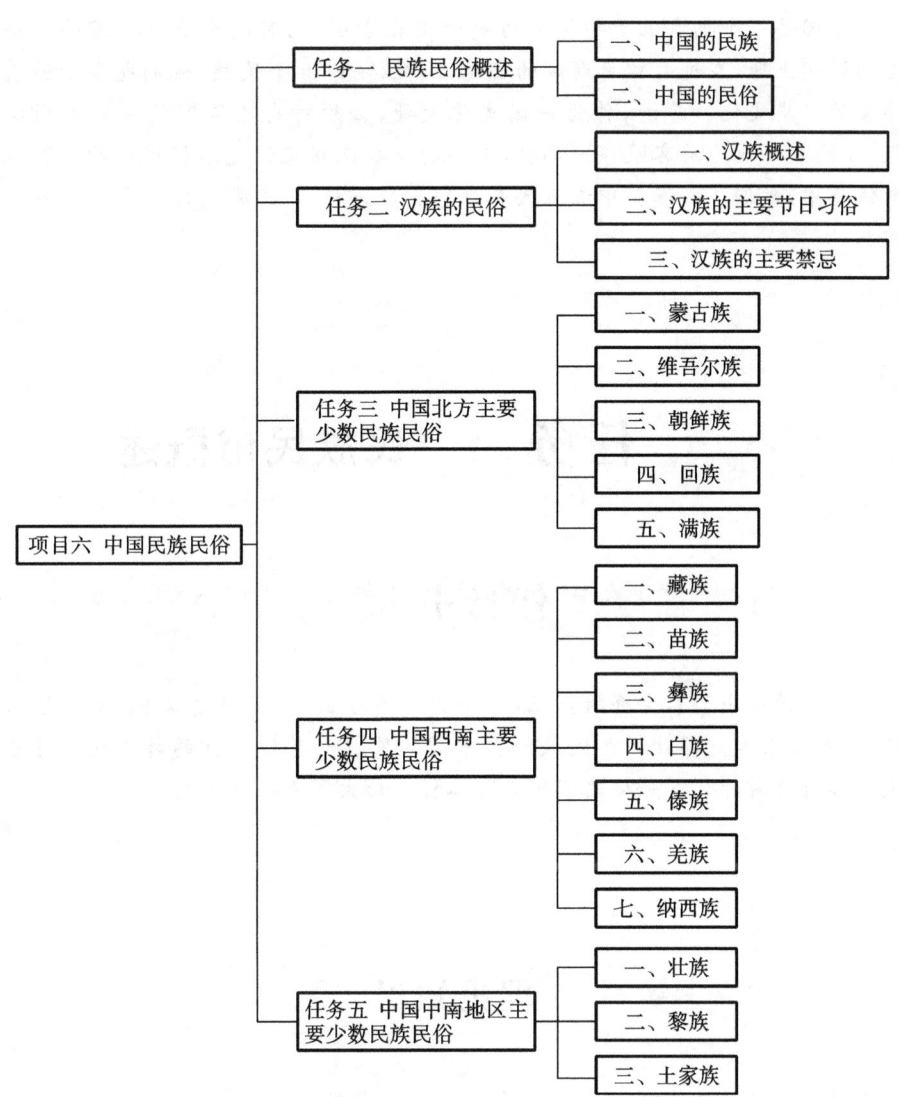

项目导入

中国是一个拥有五千年悠久历史的文化古国,同时也有着 960 万平方公里的辽阔土地,在这片幅员辽阔的土地上,生活着 56 个民族,他们也在创造着伟大的中华文化。导游,作为一国文化大使,必须对自己国家的民族有所掌握,才能更好地为游客服务。那么,中国的少数民族文化是怎样形成的呢?在本任务中,我们就挑选其中最有代表性的少数民族,以点带面地为大家进行介绍。

任务一 民族民俗概述

任务引入

民族是一个国家生存的基础,一个国家有了民族,就有了文化,就有了历史,就有了未来。那什么是民族呢?中国的民族有着什么样的特点呢?这些民族各自有着什么不一样的密码呢?本任务给大家来一一揭晓。

理论知识

掌握中国的民族及其分类,了解中国的民俗及其分类。

一、中国的民族

(一)民族的概念

民族泛指基于历史、文化、语言、宗教或行为与其他人群有所区别的群体。它有广义与狭义之分。狭义上的民族仅仅指人们在一定的历史发展阶段所形成的具有共同语言、共同地域、共同经济生活以及表现于共同的民族文化特点上的共同心理素质的稳定共同体。广义的民族概念则认为,民族一词的含义包括处于不同社会发展阶段的各种人们的共同体,或用以指一个国家或一个地区的各民族。

(二)中国民族的数量及所占人口比例

中国共有56个民族。除汉族外,人口占比靠前的十个民族是壮族、满族、回族、苗族、维吾尔族、彝族、土家族、蒙古族、藏族、布依族。

(三)中国民族的分布

中国民族的分布状况是汉族集中分布在东部、中部和西部经济发达地区,其他少数民族虽然所占人口比例很小,但分布的地区却很广,呈"C"字形分布在从东北、内蒙古到华北、西北、西南的广大边疆地区,但二者之间无明显分界线。少数民族地区也杂居着一定的汉族。我国少数民族最多的省份是云南。

(四)中国民族的语言与文字

语言是民族文化的重要组成部分,同时也是民族文化的表现形式。除汉、回族使用汉语外,其余54个民族都有各自的语言,大体上分属于汉藏、阿尔泰、南亚、南岛和印欧五大语系,共有10个语族、16个语支、60多种语言。

除了一部分少数民族外,大部分民族都有自己使用的文字。我们可以将这些文字分为非拼音文字和拼音文字两大类。前者包括文字、音节文字(如彝文);后者可按字母形式和来源分为印度字母体系(如藏文、傣文)、阿拉伯字母体系(老维吾尔文、老哈萨克文)、回鹘字母体系(蒙古文、满文、锡伯文)、朝鲜文字母体系、拉丁文字母体系和斯拉夫字母体系。

二、中国的民俗

(一)民俗的概念

民俗,即民间的风俗习惯。民俗文化是广大劳动人民所创造和传承的民间文化,也称为社会文化生活。它是民族传统文化的重要组成部分,普遍存在于民众社会生活中。

民俗文化随人类社会的产生而产生,并随人类社会的发展而发展。它的形成取决于经济、政治、地域、宗教、语言等多方面的因素。对一个民族或国家来讲,民俗文化具有历史、教育、娱乐等多方面的功能,是人类社会生活不可缺少的一部分。

(二)民俗的分类

民俗文化现象的存在不是个别的,主要有以下几种。

经济民俗,即民间传统的生产习俗、交易习俗和消费习俗等。

社会民俗,即家庭、亲族、乡里村镇和都市的习俗惯制、传承关系,包括社会交往、社会组织与生活礼仪等。

信仰民俗，即自远古传承下来并在民间广泛流传的信仰，包括传统宗教信仰等。

游艺民俗，即民间传统的文化娱乐活动，包括口头文艺和竞技活动。

任务二　汉族的民俗

任务引入

汉族是全世界人口最多的民族，也是中国的主体民族，团结带领着各少数民族创造了中国悠久灿烂的历史文化，也为全人类留下了宝贵的文化遗产。那么，这样一个有着自己骄傲历史的民族，凭借什么魅力吸引着全世界的人民来探寻其奥秘呢？本任务将会为你揭开汉族的神秘面纱。

理论知识

掌握汉族基本概况及其主要节日习俗，了解汉族的主要禁忌。

一、汉族概述

（一）民族基本概况

汉族是中国的主体民族，是上古时期黄帝和炎帝部落的后裔，人称"炎黄子孙"。汉族旧称"汉人"，是因中国的汉王朝而得名，汉朝以前称"华""夏""华夏"。

汉族是以"华夏"为核心，在秦汉时形成了统一的、稳定的民族，又经秦汉以来2000余年的繁衍生息，并不断吸收其他民族的血统与文化，得以发展成为拥有灿烂的古代文明、众多人口的民族。汉族不仅是一个历史从未中断过的悠久的民族，也是世界上人口最多的民族，汉族人分布于世界各地。除中国大陆、港澳台地区外，汉族在东南亚、北美洲和西欧也有较多分布。汉族语言简称汉语，属汉藏语系。用于书写汉语的文字称为汉字，是世界上迄今为止连续使用时间最长的主要文字。

汉族的图腾由龙与凤组成，代表了世间阴阳、男女的平和，吉祥如意。

（二）汉族的饮食与服饰

饮食方面，汉族以稻米、小麦为主，辅以蔬菜、肉食和豆制品，茶和酒是汉族的传统饮料。稻米的吃法以米饭为主，另有粥、米粉、米糕、汤圆、粽子、年糕等各种不同的食品；小麦则有馒头、面条、花卷、包子、饺子、馄饨、油条、春卷、炸糕、煎饼等吃法。汉族人讲究烹饪，追求色、香、味、形、器、意的完美结合，不同地区的汉族以炒、烧、煎、煮、蒸、烤和凉拌等烹饪方式，形成了不同的地方风味。汉族菜一般分为川、粤、闽、皖、鲁、湘、浙、淮扬八大菜系。

服饰方面，汉族曾经有着自己的华美服饰，称汉服。汉服在式样上有上衣下裳和衣裳相连两种基本形式，交领、右衽是汉服的最大特点。各个朝代，因为崇尚不同的服饰颜色，形成了夏黑、商白、周赤、秦黑、汉赤、唐黄、明赤的讲究。汉服随着 1644 年清军入关逐渐消亡，汉族也成为世界上唯一没有自己民族服装的古老民族。

（三）汉族的传统民居与社会生活

居住方面，因为汉族分布地区广大，其传统住房也因地区不同而形成不同的样式、不同的地域文化特征。居住在华北平原的汉族住房多为砖木结构的平房，院落多为四合院式，如北京四合院；居住在东北的汉族，为了保暖，其平房的墙壁和屋顶都很厚实；居住在陕北的汉族，则根据黄土高原的特点建窑洞，居住在南方的汉族建房则讲究飞檐重阁和榫卯结构。由于南方各地习俗和自然条件不同，在住房建筑布局上也有差异。如丘陵山地的楼房依山而建，江浙水乡则注重前街后河，福建的土楼庞大而美观，苏州的楼阁小巧而秀丽；另有以马头墙、小青瓦为特色的徽派民居和中西建筑艺术相融合的上海石库门民居等。

社会生活方面，汉族历来以勤劳、富于创造精神著称。汉族无论是在政治、经济、军事、哲学、文学、史学、艺术等诸多方面，还是在自然科学领域中，都创造出了许多中华文化辉煌的史篇。

二、汉族的主要节日习俗

汉族在自己漫长的发展过程中，形成了自身独具特色的传统节日，这些传统节日也成为东亚文化圈的重要节日。

（一）春节

春节俗称新年，即农历正月初一至正月十五，是中国最隆重也是延续时间最长的一个节庆活动。除汉族外，蒙古族、壮族、布依族、朝鲜族、侗族、瑶族等民族也过春节。

春节相传起源于原始社会的尧舜时期。我国古代居民在岁尾年初之际，用一年的收获物来祭祀众神和祖先，并歌舞戏耍，举行各种娱乐活动，逐渐形成了新春佳节。

春节活动从腊月二十三祭灶、过小年开始，经过除夕、春节，直到正月十五元宵节结束。春节期间活动丰富多彩，主要纪念活动有贴春联、贴门神、放爆竹、拜年、闹元宵等。

大门上贴年画，起源于古代桃符，后演变为门神，流行于东汉。北宋时出现了木板年画。

明清时期,年画题材越来越广泛,形成了天津杨柳青、苏州桃花坞、山东潍县杨家埠和四川绵竹等几大年画品牌。

放爆竹始于南北朝时期,当时是将竹节放在火上烘烤使其爆裂发出响声,其目的是用来惊吓和驱逐恶魔。火药发明后,北宋时期出现了纸卷火药爆仗。南宋时期出现了鞭炮,明朝晚期出现了焰火,变成了庆祝娱乐活动。

拜年是春节传统民间习俗,亲戚朋友互相走访祝贺新年。

正月十五是每年第一个望月,称上元节或元宵节。元宵之夜有放灯、观灯、耍社火等娱乐活动。元宵耍灯起源于汉代,唐宋时期形成规模盛大的灯会,清代以成都、广州灯会最为有名。新中国成立后,自贡恐龙灯会不仅在国内打响,甚至还走出了国门。

(二)清明节

清明节又称聪明节、踏青节、鬼节、冥节,为汉族传统节日,流行于全国各地。除汉族外,彝族、壮族、布依族、满族、侗族、瑶族、白族等少数民族都过清明节。它与七月十五中元节、十月初一寒衣节合称为中国三大鬼节。

清明节节期在农历三月,冬至日后的第105天,公历4月5号前后。原为二十四节气之一,后演变为节日。清明节前两天为寒食节,所以人们常合并称为清明寒食节。

清明节的民俗活动主要有扫墓、烧"包袱"、插柳、踏青、射柳、放风筝、荡秋千等。其中,扫墓秦朝以前就有,唐朝成为定俗,宋朝得到沿袭,一直延续至今。踏青又叫春游,古时称为探春,起源于唐朝。清明时节荡秋千的习俗盛行于唐朝。

(三)端午节

端午节为农历五月初五。端午节又称端阳节、重午节、天中节、龙节、正阳节等,是汉族民间传统节日,也是中国传统三大节日之一,流行于全国大多数地区。除汉族外,蒙古族、回族、藏族、苗族、彝族、壮族、布依族等少数民族也过端午节。端午节已被列入《人类非物质文化遗产代表作名录》。

端午节的起源说法不一。一般都认为是纪念战国时期楚国人屈原。据史书记载,屈原忠君爱国,却遭到残酷打击迫害,最后在楚国灭亡前于农历五月初五投汨罗江而死。

端午节期间的主要习俗活动有赛龙舟、吃粽子、挂钟馗像、佩香囊香袋、饮雄黄酒、采药、插菖蒲、避毒除害等活动。赛龙舟是端午节期间一项重要的民俗活动,主要流行于我国南方水乡之地。端午节吃粽子的习俗,在魏晋时已很盛行,到唐宋已成为端午节的名食。

(四)中秋节

中秋节又名团圆节、祭月节及仲秋节,是汉族民间传统节日。除汉族外,蒙古族、回族、彝族、壮族、布依族、朝鲜族等少数民族也过中秋节。中秋节在每年农历八月十五日举行,时值三秋之中,故名。它是仅次于春节的第二大节日。

关于中秋节的起源有三种说法,一是起源于古代对月亮的崇拜;二是起源于月下歌舞觅偶的习俗;三是起源于古代秋季拜土地神的习俗。

中秋节期间的主要活动有祭月、赏月、吃月饼、舞龙灯、吃团圆饭等。祭月、赏月活动始于周朝,北宋时期始定为中秋节,明清以来仍很盛行,此习俗一直流传至今。中秋赏月有家人团圆之意。如家里有人在外未归,则家人赏月之夜怀念亲人,遥寄亲情,希望亲人早日回家团聚。另外,中秋节前后也是钱塘江观潮的最佳时节。

（五）重阳节

重阳节,又称重九节、老人节、晒秋节,是汉族重要传统节日之一。古人认为"九"为阳数之极,九月九日,日月并阳,双九相重,故名重阳。

在重阳节期间的主要民俗活动有郊游赏景、登高远眺、观菊赏花、吃重阳花糕、饮菊花酒、插茱萸等民俗活动。我国在 1989 年将重阳节定为老人节。

三、汉族的主要禁忌

农历大年初一至初三,汉族人忌讳扫地、抹灰、挑水、劈柴、踢门槛、倒垃圾、动土、打架、骂人等。年节喜庆时,屠宰牲畜忌说"杀",而要说"放"。过年和立春日,出嫁的女儿忌讳在娘家住宿。"白露"节令时,忌人体各部位沾水。

农历无"立春"节气被称为"哑年","哑年"忌讳结婚、砌灶、迁居、做屋等。

每逢七、八日,忌讳办喜庆活动或去亲友家做客;几户同住一栋房屋,忌讳一年中连续举办几桩婚嫁喜事;送客饯行时忌说不吉利话等。

任务三　中国北方主要少数民族民俗

任务引入

在中国北方的广袤草原之上,白山黑水之间有着不少独具特色的少数民族。少数民族人民以自己漂亮的服饰,豪爽的性格,让人垂涎欲滴的美食诉说着自己民族的精彩。本任务,就让我们走进其中最具特色的几个民族看一看。

理论知识

掌握本区域主要少数民族及其民俗,了解其主要禁忌。

一、蒙古族

（一）概述

蒙古族（见图 6-1）主要聚居在内蒙古自治区，其余多分布于新疆维吾尔自治区、甘肃省、黑龙江省、吉林省、辽宁省等地区，少数散居和小聚居于河北省、河南省、云南省、四川省、宁夏回族自治区、北京市等省市区。

图 6-1　蒙古族

蒙古族有自己的语言文字。它属于阿尔泰语系。其人民早期信仰萨满教，元朝以后信奉藏传佛教。蒙古族长期以来主要从事畜牧业，过着"逐水草而居"的游牧生活，被人们称为"马背上的民族"。近几十年来，蒙古族已由游牧向定牧转化，而且也发展了现代农业。蒙古族以能歌善舞，善摔跤、赛马射箭而著称，表现了其民族粗犷豪放的性格。蒙古族的传统民间舞蹈是安代舞，其有自娱性。蒙古族本身文化遗产十分丰富，被列入国家级非物质文化遗产名录的主要有祭敖包、那达慕大会、摔跤、马头琴音乐。蒙古族长调民歌已被联合国教科文组织列入《人类非物质文化遗产代表作名录》。藏族的英雄史诗《江格尔》是中国的三大英雄史诗之一。而《蒙古源流》《蒙古秘史》《蒙古黄金史》被称为蒙古族的三大历史巨著。

（二）民俗

蒙古族饮食被分为三类：粮食、肉食和奶食。农区与汉族大体相似。而在牧区主要食用奶食和肉食。奶食俗称白食，有黄油、奶皮子、奶酪、奶果子、白油、奶豆腐等食品和奶茶，以及奶酒、酸奶等饮料；肉食俗称红食，以牛羊肉为主。喜欢用手抓羊肉和清水煮全羊款待客人，以此来表达本民族的热情好客之意。蒙古族忌讳吃虾、鱼、蟹、海味等食物。

蒙古族传统服饰大致可分为首饰、长袍、腰带、靴子四个主要组成部分。首饰是蒙古族妇女最喜爱的戴在头上的装饰品,多用玛瑙、珍珠、金银、宝石制成,喜庆宴会、逢年过节、探亲访友时佩戴。男子冬季多戴尖顶大耳的羊皮帽,夏日多戴前进帽或礼帽。蒙古族最有特色的服装是长袍,基本上蒙古族的男女老少都爱穿着。这种长袍宽大袖长,下端左右一般不分衩,领子较高,纽扣在右侧,领口、袖口、边沿常用漂亮的花边点缀。腰带是穿蒙古袍所必备的。靴子尖稍向上翘起。

游牧地区牧民多住圆形穹庐顶的蒙古包,蒙古族地区的标志建筑也常饰以穹庐顶。勒勒车是蒙古族特有的牛车,被人们称为"草原之舟"。

蒙古族的节日主要有那达慕大会、敖包祭祀、大年(相当于汉族春节的年节)。那达慕大会是蒙古族最具民族特色的传统盛会。"那达慕"是蒙古语,意思是"游戏"或"娱乐",起源于古代的祭敖包。它流行于内蒙古自治区、新疆维吾尔自治区、青海、甘肃等蒙古族聚居地区,每年夏秋(夏历七八月)牲畜肥壮季节择日进行。而赛马、摔跤、射箭被称作"男子三项那达慕"。

(三)主要禁忌

蒙古族尚白崇九。其主要禁忌有骑马坐车到蒙古包时,要轻骑慢行,进蒙古包时要将马鞭放在门外。入蒙古包后坐在右边,离包时走原路,待送主人回去后再上车或上马。忌讳坐蒙古包西北角,睡和坐时脚忌伸向西北方,不能在火盆上烤脚。赠送礼品忌讳单数,接受礼物必须身子稍屈或跪下一腿,伸出右手或双手接受。有产妇或病人时,忌讳接待客人来访。蒙古族对看家护院的狗和猎犬都很看重和爱护,禁止外人打骂,否则会被视为对主人的不礼貌。

二、维吾尔族

(一)概述

维吾尔族(见图 6-2)是新疆维吾尔自治区的主要族群,其族称意为"团结""联合"。维吾尔族有自己的语言文字。语言属于阿尔泰语系突厥语族,文字原用阿拉伯字母,后创制了拉丁化新文字,现两种文字都在使用。

维吾尔族信奉伊斯兰教,一年一度的古尔邦节最为隆重。维吾尔族人民能歌善舞,"十二木卡姆"是古代维吾尔族人民创作的民族音乐舞蹈史诗,包括古典叙诵歌曲、民间叙事组歌、舞蹈组曲和即兴乐曲 340 多首。维吾尔族民间乐器独具特色,有"独他尔""巴拉曼"和手鼓"达甫"等弹拨、吹奏和打击乐器数十种之多。而维吾尔族的传统舞蹈更以轻巧、优美、旋转快速、多变著称。

(二)民俗

维吾尔族的房屋一般用泥土建筑,开天窗,屋顶平坦,可晒瓜果和粮食。室内喜欢挂壁毯,大门忌朝西。其著名水利工程"坎儿井"深刻改变了本民族面貌,使之成为绿洲农业的

图 6-2　维吾尔族

代表。

维吾尔族以面粉、玉米和大米为主食，夏季多食瓜果。有的地区喜欢喝奶茶，佐以玉米面或者面粉制作成的馕。用胡萝卜、葡萄干、大米、洋葱、羊油制成的民族风味甜饭，因用手抓食，故而又名"抓饭"，是节日和待客不可缺少的食品。维吾尔族人还喜欢吃各种瓜果和羊肉串。

维吾尔族人在服饰上多穿棉布，妇女喜欢穿丝绸。男子穿长袍，右衽斜领，无纽扣，用腰带式长方巾扎腰。无论男女老少都喜爱戴四棱小花帽，这种四棱小花帽又被他们称作尕巴。

（三）主要禁忌

维吾尔族的节日跟伊斯兰教信仰有关，一年一度的肉孜节、古尔邦节最为隆重。维吾尔族人的禁忌也与本民族信仰有关。在清真寺以及河坝、伙房等地忌携带、遗弃不洁物品。探望病人时忌站在病人头和脚的方向。衣忌短小，最忌户外着短裤。在屋内坐下时，忌双腿伸直脚底朝人。吃饭时忌随便拨弄盘中食品或剩食物在碗中。接受物品时忌用单手尤其忌讳用左手。

三、朝鲜族

（一）概述

朝鲜族（见图 6-3）主要聚居于东北三省，东北是我国最大的朝鲜族聚居区。朝鲜族有自己的语言文字，少数杂居的朝鲜族居民通用汉语文字。

朝鲜族在我国少数民族中，属于物质生活较好，文化水平较高的民族。其主要居住区是我国东北优质大米产地，因此朝鲜族以善种水稻而闻名。朝鲜族歌舞同样举国闻名，其代表性舞蹈有农乐舞、象帽舞、顶水舞、长鼓舞、扇子舞等。朝鲜族人还酷爱体育，注意卫生，讲究

图 6-3 朝鲜族

礼貌,特别是尊老爱幼的美德受到了中华各民族人民的称赞。

(二)民俗

朝鲜族人民居住的房屋在历史上多为草屋和瓦房,墙壁多为泥墙刷白灰。每栋房子均有卧室、客房、仓库、灶间等设施。因满屋设炕,进门就要脱鞋。

朝鲜族人民在饮食上以米饭为主食,以汤、酱、咸菜和泡菜为副食。朝鲜族每餐必有汤,素有"宁无菜肴也要有汤"的说法。泡菜是佐餐的主要菜肴,用山菜或蔬菜泡制而成。在肉食中,朝鲜族喜欢吃牛肉和狗肉。爱喝花茶和烧酒,招待客人的特制食品主要是冷面、打糕、松饼等。

朝鲜族人民在服饰方面,爱穿白衣素服,因而有"白衣民族"之称。现在多改为穿西服,节日期间都穿五颜六色的民族服装。

朝鲜族的婚礼仪式隆重,要分别在女方和男方家举办两次。朝鲜族家庭"男主外、女主内"的风俗盛行。父子关系是一切人伦关系的基础,追求父慈子孝,长子赡养父母。

朝鲜族的主要节日除了春节、清明节、端午节、中秋节外,还有专属家庭的节日,例如回甲节(诞生 60 周年纪念日)、回婚节(结婚 60 周年纪念日)等。

(三)主要禁忌

朝鲜族人民非常尊敬长者,与长者一同走路时,年轻人忌讳走在长者前面,如有急事,非赶路不可,要向长者恭顺地说明原委,然后超前。路遇认识的长者必须恭顺地问安并让路。客人来访时,男客进客房,女客进灶间大铺炕,忌进儿女卧室。饭桌上有多人桌和单人桌之分,年轻人忌用单人桌,因为单人桌是家中老人专用的。饮酒吸烟时,忌父子同席,酒席上应按年庚依次倒酒和举杯,长者举杯后,其他人才可依次举杯。吸烟时,青年人不能向老年人借火,更忌接火,否则会被视作大不敬。忌婚丧佳节期间杀狗吃狗肉。

四、回族

（一）概述

回族（见图 6-4）是中国少数民族中散居全国、分布最广的民族。宁夏回族自治区是其主要聚居地，其次为青海省、河南省、河北省、山东省、陕西省、甘肃省、新疆维吾尔自治区等省区。

图 6-4　回族

回族因长期与汉族杂居，所以逐渐习惯于以汉语作为本民族的共同语言，同时又受阿拉伯、波斯等文化的影响。但在心理状态、经济生活、宗教信仰和风俗习惯上，回族却表现出了自己的特色。甘肃的"花儿"（回族民歌）被联合国教科文组织列入《人类非物质文化遗产代表作名录》。

回族主要以农业生产经营为主，也经营牧业、手工业和商业。回族工匠以在制药、制香、制革以及矿产采冶方面而闻名。回族又以善于经营而著称。回族全民信仰伊斯兰教。

（二）民俗

回族的清真寺和民居建筑基本摆脱了阿拉伯和中亚建筑风格，采用了中国传统的殿宇式四合院为主的建筑式样，但布局和装修独具本民族特色。

由于受汉族传统文化影响，回族衣着已逐渐与汉族相同，但仍有些自己的特点。比如，西北地区的回族男装多以衣服宽大为主，且回族男女外出必须戴帽子或头巾，严禁露出头顶。

回族在饮食上对肉食的选择很严格，只吃反刍类偶蹄食草动物牛、羊、骆驼肉和食谷物类的禽肉及带鱼鳞的鱼类。回族有自己的民族风味小吃，比如清汤羊肉、酿皮、牛羊肉泡馍、羊杂碎汤、切糕等。回族在饮茶上喜喝红糖砖茶、冰糖窝窝、白糖清茶及最有特色的八宝茶，每当回族人泡上含有柿饼、红枣、核桃仁、芝麻、花生等果脯作料的茶待客时，整个房间都弥漫着醉人的香气。

回族每年有三大民族节日,即开斋节、古尔邦节和圣纪节。

（三）主要禁忌

回族的禁忌主要表现在饮食上,比如严格禁止食用猪肉,忌养猪,忌别人提着猪肉进回族的商店和住处,忌食驴、骡、马、狗肉,忌食自死的禽畜和畜血,一切凶猛禽兽的肉和没有鱼鳞的鱼也都在禁食之列。就连盛放过上述那些禁食的炊具、器皿、碗筷也都禁用。忌在用餐时开玩笑。除饮食上的禁忌之外,回族还有所用的水井和水塘,非伊斯兰教的人不能动手取水,如有需要必须请回族人取水或征得主人允许后取水,但一定要保持水的清洁,若容器内还有水,切忌倒回井中或水塘,也不能在水井和水塘附近洗涤物件,忌在回族人的住房里洗澡。忌说杀字,只说宰鸡宰牛。

五、满族

（一）概述

满族（见图 6-5）主要聚居在东北三省地区以及河北省,辽宁省为其主要聚居地。自清朝以来,由于满汉长期杂居,所以满族与汉族差异逐渐缩小。满族正是因为在中华民族的发展进程中,涌现出的一大批政治、文化、科学、经济人才,才成为中国历史上唯一的两度建立王朝的少数民族。

图 6-5 满族

满族有自己的语言和文字。满族属于阿尔泰语系。17 世纪 40 年代后,满族普遍使用汉语和汉文,导致现在只有黑龙江省的少数老人会说满语。满族全民族信仰萨满教和藏传佛教。

（二）民俗

满族住房一般东南开门,其结构形似口袋,三面设炕,西炕供奉祖先神位,俗称"口袋房,曼子炕"，坐北朝南，背风面阳，正房多为三至五间。

满族先民一年四季都穿袍服，因八旗制度而称之为"旗袍"。入关以后，男穿袍服，外套马褂，女人也爱穿袍服，但有长短袖之分。辛亥革命以后，旗袍经改进，成为我国妇女最喜爱的中式服装。

长期以来，满族人民都从事农业，兼有狩猎、采集等多种经营方式。由于善于种植五谷杂粮，所以主食虽为小米，但却喜欢吃黏食。善于养猪，所以白肉血肠和猪肉酸菜炖粉条成为满族名菜。逢年过节必吃饺子，农历除夕夜，则必须吃手扒肉。而"萨其马"也是最为人们喜爱的满族点心。满族人民普遍嗜烟酒。

满族很多节日都与汉族相同，比如春节、元宵节、端午节和中秋节等。在节日期间，满族人民一般都要举行跳马、跳骆驼和滑冰等传统体育活动。满族也有一些自己的独特节日，比如颁金节、开山节、填仓节等。

（三）主要禁忌

满族最大的忌讳是杀狗，不吃狗肉，不戴狗皮帽子，不穿带狗皮袖头的衣服。在满族人家里做客，不要当着主人的面赶狗，更不能说狗的坏话，否则主人会视为你在当面侮辱他，他会不客气地下逐客令。还忌打喜鹊和乌鸦。以西为上，特别忌讳坐西炕。祭祖时，大门口挂放的谷草是为祖先的马匹准备的，忌与戴狗皮帽子的人接触。忌讳在索罗杆上拴牲口。

 **任务四　中国西南主要少数民族民俗**

任务引入

中国西南钟灵毓秀，人文风光和自然奇景深深吸引着全世界的游客，这也是中国少数民族聚居最多的一个区域。那么，在此有哪些少数民族呢？本任务就来看看。

理论知识

掌握本地区少数民族及其民俗，了解其主要节日、禁忌，对其信奉宗教有基本认识。

一、藏族

（一）概述

藏族（见图 6-6）是我国较古老的民族之一。从远古时代开始，藏族的先民就在世界屋脊青藏高原上劳动、生息和繁衍。藏族主要聚居于西藏自治区，以及甘肃省、青海省、云南省和四川省部分地区。

图 6-6　藏族

藏族有自己的语言和文字。藏语属于汉藏语系，而藏族文字是参照梵文某些字母创制的，至今通用。

藏族主要以牧业为主，也从事农业。高原之舟牦牛、藏绵羊是藏族主要的牲畜对象。精心喂养牦牛和种植青稞，是藏族在人类文明史上的特殊贡献。

藏族普遍信仰藏传佛教，也有少数人信仰原始宗教苯教。

藏族的天文、戏曲、歌舞、唐卡、医药、历算、文学和热贡艺术等，都有较高水平。《格萨尔王传》是世界上较长的史诗之一，它与柯尔克孜族的《玛纳斯》和蒙古族的《江格尔》并称为中国"三大史诗"。藏族锅庄舞，又称为"果卓""歌庄"等。它因围着火塘举行而得名，藏语意为圆圈歌舞，是藏族三大民间舞蹈之一。

藏医是祖国医学宝库中的重要组成部分。它有一整套完备的理论和实践经验。从对生理、病理的认识，到整个诊断、治疗以及对药物的研制使用，都具有高原特色。如尿诊、放血疗法等，都堪称一绝，令人惊叹。

藏族的建筑在总体上可以划分为三类，即寺院建筑、民居建筑和宫殿建筑。宫殿建筑以布达拉宫为主要代表，民居建筑以碉堡建筑最具特色。这种古碉堡主要分布在四川省阿坝、甘孜两个藏族自治州。这其中，又以阿坝州的金川县、丹巴县一带最为著名。这种"累石为巢"的碉楼，是当地藏民采用卵石和毛石砌筑而成的。石墙的砌筑须逐层叠砌、交错搭接，并保持内墙平滑、外墙方整、棱角突出、逐层收分，最后建成上小下大的平顶结构碉堡建筑。这些建筑虽历经风雨侵蚀和战争洗礼，迄今依然如故。它是藏族的智慧结晶，也是藏族建筑艺术上的一个独特体系。

（二）民俗

藏族男女都喜爱戴藏式金花帽，上身穿绸布长袖短褂，喜欢穿外套宽肥的藏袍，右襟系带，男女均穿氆氇或牛皮的藏靴。所以长袖、宽腰、长裙、长靴是藏族服饰的基本特征。另外，藏族服装颜色以蓝色、白色为主，配置以艳丽的腰带或花边装饰。头饰的质地有金、银雕镂器物和玉石、珊瑚、珍珠等，多为自然形状，是藏族服饰中的点睛之作。

藏族在饮食上喜欢喝酥油茶、甜茶和奶茶，嗜饮青稞酒，并有弹酒的礼俗，尤爱吃牛奶制成的酸奶、奶渣等。藏族不吃奇蹄类畜肉，比如驴、骡、马肉等。大部分地区还有不吃飞禽和鱼的习惯。藏族农区的主食是糌粑，用炒熟的青稞或豌豆磨成面粉，用酥油或茶水拌食，而在牧区，藏民以牛羊肉为主食，进餐时使用随身携带的木碗和短柄尖刀。

藏族是一个热情好客的民族，在他们的礼俗中，欢迎亲友互献哈达是最普遍的一种礼节。哈达种类繁多，质地、规格、颜色等也不一样，通常以白色为主。

藏族特有的水上交通工具被称做牛皮船，另外还有独木舟和木制的船只，过河有溜索、铁索桥等。

藏族历史悠久，节日众多。一年中有代表性的节日有藏历年、雪顿节、望果节、赛马节、采花节等。雪顿节流行于青海省、云南省、甘肃省、四川省、西藏自治区等地的藏区。它最早是一种纯宗教的活动，是藏族世俗百姓向喇嘛们施舍酸奶子和喇嘛们纵情游玩的节日。17世纪中叶开始固定为节日。在节日当天，人们身穿节日盛装，会集罗布林卡，看戏饮酒，唱歌跳舞，摆摊设棚。串帷幕做客，主客祝酒，一直到傍晚才离开罗布林卡回家。

藏族在敬酒敬茶上有特殊的习俗。到藏族人家里去做客，主人会奉上青稞酒。客人必须先用右手无名指蘸一点酒，配合大拇指弹向空中、半空和地面各一次，意为祭天、祭地、祭祖先。然后要遵循"三口一杯"的规矩，即客人清呡一口酒，主人立即斟满，如此反复三次后，客人再喝干满杯酒。主人敬酥油茶时，会把茶碗捧到客人的面前，这时客人才可以接过来喝。客人绝对不能主动去端茶。

（三）主要禁忌

藏族将佛像，佛寺里的钟鼓、经书以及活佛的身体、佩戴的念珠等物视为圣物，忌别人随便触摸。转经筒、转寺院、叩长头时要按顺时针方向转动等。忌吃马、驴、狗肉，忌吃尖嘴动物的肉、有爪动物的肉和鱼虾等水生动物的肉。忌讳用脚蹬踩灶台或坐于灶台之上。做奶制品的家具上不能放别的东西。平时点火时，忌烧猪粪、狗粪或旧鞋、破布等不洁之物，也忌讳将骨头扔进火中。忌讳用有裂缝或豁口的碗、碟等器皿待客，互不熟悉的男女忌讳在一个碗内揉糌粑和吃糌粑，饮食上的碗和茶具忌讳扣着放置。忌讳男女混坐，男女入室后男坐左，女坐右；就座后，忌讳双脚伸直、脚底朝人。忌讳当着当事人的面谈及婚事。忌讳在家中吹口哨、拍巴掌等。忌讳别人对自己的孩子过分夸奖，也忌讳亲人出门后马上扫地。

二、苗族

（一）概述

苗族（见图 6-7）主要聚居在我国云南省、湖南省、贵州省、重庆市、广西壮族自治区以及海南省。黔东南和湘鄂渝黔的交界地带是其主要聚居区。其中以贵州的黔南布依族苗族自治州、黔西南布依族苗族自治州、黔东南苗族侗族自治州最为集中。

图 6-7　苗族

苗族语言属于汉藏语系。苗族无统一文字，在新中国成立后创制了拼音文字，并通用汉文。苗族现有三大方言：川黔滇方言、湘西方言和黔东方言。

苗族在自身发展过程中，创造了丰富多彩的文化艺术，苗族所有的银饰工艺品、织锦、刺绣和蜡染等享誉海内外。苗族人民能歌善舞，常用歌舞表达情感。情歌、酒歌负有盛名，"盘歌"是苗族青年男女向对方表达心意、显示才能的一种古老对歌方式。芦笙舞是苗族流传最广的民间舞蹈，芦笙则是苗族最具有代表性的乐器。苗族青年男女婚恋比较自由，通过"跳月""游方"等社交活动，自由对歌，恋爱成婚。

苗族以农业为其主要经济生活来源，除此之外，还经营畜牧业、纺织业以及养鱼、喂猪等家庭副业。

苗族在宗教信仰上信仰万物有灵或多神鬼，供奉祖先，崇拜自然。四川省、云南省、贵州省等地少数苗族群众信仰基督教、天主教。

（二）民俗

苗族喜欢在依山傍水处修建苗寨，聚族而居。苗族住房一般为木制平房或楼房，楼房多为吊脚楼，称为"一正两耳"。

黔南、湘西、黔东南、广西大苗山以及湖北、海南岛等地的苗族大多以大米为主食，红薯、小麦、玉米为辅。而在黔西北、滇东北、川南等地的苗族则以荞麦、玉米和土豆为主食。在饮食上，苗族普遍喜欢酸辣味，酸菜、酸汤、酸辣子长年不断，酸猪肉、酸鸡、酸鸭子味道鲜美。饮酒是苗族普遍的嗜好，苗族人习惯先请客人饮牛角酒。苗族喜爱吃糯食，每逢节日或重大活动，都要舂糯米粑粑，蒸糯米饭。苗族注重礼仪，客人来访，必杀鸡宰鸭，盛情款待。"分鸡心"是苗族传统的交友礼节，吃饭时把鸡心、鸭心夹给客人，以表示主人希望与客人交友的意愿。

苗族因地域不同，苗族人民各自穿着服装也不同。男装简朴，一般为对襟大褂和左衽长衫两大类，苗族男子一般下穿长裤，束大腰带，头裹青色长巾，冬天腿上多缠裹腿。苗族女子服饰各地差异较大，多数地区妇女穿大领对襟短衣和长短不一的百褶裙，或着宽脚裤，衣袖和裤脚边缘有宽大花边。头饰式样繁多，挽髻于头顶，配上各式各样的包头帕，包成尖顶或圆顶；有的女子把头发绕在支架上高竖于头顶上。黔东南的苗族妇女服饰最有特色，她们喜欢将银饰钉在衣服上，称为"银衣"，头上戴着形如牛角的银质头饰，高达尺余，独具特色。苗族妇女主要以银饰为主，分为头饰、颈饰、胸饰等，银饰以大、多、重为美，堪称中国民族服装之最。

苗族传统节日有很多，主要的节日有龙船节、赶歌节、芦笙节、苗年等传统节日。

（三）主要禁忌

苗族人不吃羊肉，忌讳狗肉上灶，忌讳在屋里煮蛇肉。险恶环境下，忌嘻哈打闹，忌讳刀口朝上，忌用凶器指人。父母或同村人去世一个月内忌食辣椒。忌讳在家里或夜间打口哨。

三、彝族

（一）概述

彝族（见图 6-8）人民主要生活在滇、川、黔、桂四省区，四川省凉山彝族自治州是全国最大的彝族聚居区。彝族拥有自己的语言和文字，彝族文字是中国最早的音节文字。彝语属于汉藏语系，有六种方言。经过整理的规范彝文已经正式使用。

彝族经济生活以农业为主，畜牧业为其主要副业，手工业制作也较为发达。

彝族历史悠久，曾有"诺苏""纳苏"等很多称谓。新中国成立后，按照广大彝族人民的共同意愿，以"鼎彝"之"彝"作为统一的民族名称。

彝族流行多神崇拜，祭司称作毕摩。以后佛教、道教相继传入彝区，19 世纪末，天主教和基督教先后传入。

（二）民俗

彝族服饰风格独特，极具民族和地方特色。男女都穿右斜襟窄袖贴身镶边上衣，男子下着长裤，女子下着多褶长裙。男子头顶留一小块头发，裹以长达丈余的青蓝布或白布帕包头，在前方扎成细长锤形的"子贴"（汉称"英雄结"）伸出帕外，以示英武。男子左耳戴红、黄

图6-8 彝族

大耳珠,并以无须为美。女子穿镶边或绣花大襟上衣和多褶长裙。冬天,男女都披羊毛织的披毡,称为"查尔瓦",夜间又可当被盖。

彝族住房大多是木结构,低矮且无窗。房内一般隔成三间,中间为堂屋,内用三块石头支成火塘,塘内生火煮饭、取暖,旁铺篾席,为家庭起居活动的中心。左边隔一内室,内置木柜等家具。有的彝族还在住房的一端构筑高耸的碉楼,是彝族传统建筑的象征。院落四周都有围墙。

彝族在饮食选择上主要以玉米、荞麦、大小麦、洋芋等为主食,稻米很少。彝族人民在口味选择上,以酸、辣为主。喜爱吃坨坨肉、饮转转酒,故在民间有"汉人贵茶,彝人贵酒"之说。忌讳吃蒜。

彝族的主要节日有彝族年和火把节等。火把节是彝族、白族、傈僳族、纳西族、拉祜族、基诺族、哈尼族等彝语支民族的传统节日。流行于四川省、贵州省、云南省等地。各地节期不一,云南省的彝族、白族等民族的火把节一般在每年农历六月二十四号前后。节期3到7天。节日活动内容有合村杀猪、宰牛祭神,每户都要杀鸡后在田地祭"田公地母",并燃点火把挨户巡行,边走边向火把上撒松香,认为可以"送祟"。白天,杀猪宰牛,欢聚饮酒,并进行赛马、赛歌、摔跤、射箭、拔河、斗牛、荡秋千等活动。而在节日的当晚,男女老少燃松木火把奔驰田间,身穿节日盛装的青年男女在篝火旁载歌载舞,尽情欢唱。

彝族的婚俗实行一夫一妻制,有"抢婚"风俗。

(三)主要禁忌

彝族男子头上都蓄有一蓬头发,这是他们最高贵的地方,忌讳旁人用手触摸。彝族有敬"神树"的习惯,神树严禁砍伐,祭祀时忌讳外人观看。彝族人宰杀家禽、家畜时,忌外人在场。忌外人骑马进彝族寨子,到寨门的竹篱笆前必须下马。到彝族人家里做客时,要坐在火塘的上方或右方,忌讳用脚踏三脚架,忌掏火灰,尤其忌讳在火灰中挖洞。彝族对待客人,一般都用酒肉盛情款待,主人给你吃东西和喝酒时,即使你不想吃喝,也要少吃喝点,以表谢意,不然会被视作看不起主人。但彝族人忌讳款待客人的食品被带走,认为带走食品是不讲义气。

四、白族

(一)概述

白族(见图 6-9)主要聚居在云南大理白族自治州,其余散居在贵州省、湖南省、四川省等地。白族有自己的语言,但无文字,白族语言称为白语,属于汉藏语系,且有大理、剑川、怒江三种方言,绝大部分白族人都使用本民族语言。

图 6-9 白族

白族具有悠久的历史,在历法、天文、气象、建筑、医学、绘画、史学、雕刻和文学艺术方面都创造了辉煌的成就。“白族调”“霸王鞭”“大本曲”等著名音乐舞蹈和由古典戏曲“吹吹腔”发展起来的“白剧”都具有鲜明的民族特色。

白族人大都信仰佛教,也有少数人信仰道教。奉祀“本主”是白族的一个明显的特点。

白族主要以从事农业生产为主,善种水稻。大理雪梨、宾川柑橘都是驰名中外的著名特产。另外,白族手工业、商业也特别发达。

(二)民俗

白族崇尚白色。男女多穿白色对襟衣及黑领褂。大理一带的白族妇女多穿白色上衣,外套黑丝绒短褂或红色坎肩,下穿蓝布宽裤,以绣花布或彩色毛巾缠头。已婚者挽髻,未婚者需垂辫或盘辫于头顶。脚穿绣花鞋,佩戴银饰。

白族人民由于主要居住在山区和平坝,所以房屋建筑形式因地制宜,别有特色。在平坝区,住房多为瓦房,布局一般多为"一正两耳""三房一照壁""四合五天井"的瓦房。在山区,则为上楼下厩的茅草房。而在高寒地区,则为单间或两间相连的"垛木房",用横木垛成。

白族也因居住地形不一样,从而饮食也不一样。在平坝居住的白族人,主食稻米和小麦;在山区居住的白族人,则以荞子、土豆、玉米等为主食。白族喜食蔬菜,所以蔬菜品种多样。白族以善于烹饪而闻名,尤其善于烹制腊肉、香肠、火腿,有螺蛳酱、弓鱼、油鸡、猪肝鲊等名特产。白族各地都喜用糯米酿造白酒,用大米制造饵块、饵丝。在白族所有菜里面,最有名的是"砂锅弓鱼",它已发展成为大理一带的宴席佳肴。一苦、二甜、三回味的"三道茶"是白族传统的品茶艺术和待客礼仪。

白族有许多具有本民族特色的节日,比如三月街、耍海节、绕三灵、春节等。三月街,又被称作"观音街""观音市",是白族人民最盛大的街期和传统盛会,主要流行于云南大理地区。从每年农历三月十五日开始,在点苍山中和峰下举行,为期 5 到 7 天。相传起源于唐永徽年间,因观音菩萨于三月十五日到中和峰下,开辟了大理地区,还有一说是这一天在此讲经升天。因此,每年到了这一天,崇信者都会在此礼拜诵经,祭祀观音,后逐渐发展成为物资交流会。新中国成立后,更是发展成为当地白族人民及附近各族人民都纷纷参加的传统盛会。每逢盛会,街上摩肩接踵、人山人海,摆满各种货物供人挑选,独具民族特色。白族还会在会期举行赛马等文体活动。

(三)主要禁忌

白族在待客时,倒茶忌讳倒满杯,倒酒忌讳倒半杯。白族人家的火塘是个神圣的地方,最忌朝火塘内吐口水,禁止从火塘上跨过。白族人家的门槛也忌讳坐人。农历七月十五日接送祖先亡灵时,不能出门。火把节的晚上,岳父家不接待女婿在家中过节。

五、傣族

(一)概述

傣族(见图 6-10)历史悠久,与水族、布依族、壮族有密切关系,同为起源于古代的"百越",都以"断发文身"为共同习俗。傣族主要聚居在云南省西双版纳和德宏两民族自治州和孟连、耿马、金平、元江、景谷等自治县。在东南亚等国,比如泰国、缅甸、老挝、越南、柬埔寨也有他们的分布。

傣文来源于梵文字母的拼音文字,傣族语言属于汉藏语系。

傣族普遍信奉上座部佛教。佛教对傣族风俗习惯有着重要的影响。

傣族人民由于长期生活在光热条件较好的地区,所以善于种植水稻,有着比较完整的耕作体系。傣族的"普洱茶"中外驰名,橡胶、香蕉等亚热带经济作物发展速度较快,水果品种丰富。

傣族有自己的历法和文献,民间文艺活动十分丰富多彩,著名的"孔雀舞"和"赞哈",为

图 6-10　傣族

傣族人民喜闻乐见。象脚鼓舞是傣族民间流传最广的男子舞蹈。

(二) 民俗

傣族人喜欢居住于平坝地区,村寨临江伴湖,干栏式建筑是傣族住房的最大特色。西双版纳的竹楼和德宏州的土墙茅顶四合院建筑也各具特色。

傣族男子服饰为上穿无领对襟或大襟小袖短衫,下穿长裤,冷天多用白布或蓝布包头,外披毛毡,男子多文身。妇女的服饰则会因地而异:西双版纳妇女一般上穿白色、绯色或天蓝色紧身内衣,大襟或对襟圆领窄袖衫,下身为花长筒裙。德宏州的妇女婚前穿白色或浅蓝色大襟短衫、长裤,婚后穿对襟短衫,黑色筒裙。

傣族人在饮食上以大米为主食,德宏州傣族人喜欢吃粳米,西双版纳等地的傣族人爱食糯米。而且傣族人民喜爱酸味及烘烤水产食品,嗜酒,喜欢嚼槟榔。用昆虫为原料制作各种风味菜肴和小吃,是傣族食物的重要组成部分。以青苔入菜,是傣族特有的风味菜肴。

傣族青年婚前社交自由。晚上吹葫芦笙、"串寨子""串姑娘"和傣历新年"丢包"等都是他们选择对象和表达爱情的方式。但缔结婚姻还要托媒说亲。傣族还流行招赘婚。除此之外,傣族还有染齿、文身和镶牙套的习俗。

傣族的节日有泼水节、开门节和关门节等。其中,泼水节最有特色。泼水节是傣族的年节,又称"浴佛节",是傣族、德昂族、阿昌族、布朗族等少数民族的传统节日,流行于云南西部和南部。泼水节起源于印度,后随佛教经缅甸、老挝和泰国传入中国。泼水节通常在阳历 4 月中旬举行,为期一般 3 到 5 天。头两天送旧,最后一天迎新。节日清晨,青年男女上山采摘山花和树枝制成花房,连同供品抬到佛寺,并在佛寺院中堆沙造塔三五座,塔尖插几根缠有彩色纸条的竹枝,然后围塔而坐,听佛爷诵经,有预祝风调雨顺、五谷丰登之意。中午担清水浴佛。礼毕后,青年男女到寺外互相泼水,以示祝福。人们常因被泼得全身湿透而兴高采烈,以为吉祥如意。在节日期间,还有赛龙舟、放高升、点孔明灯、丢包及歌舞等活动。

(三)主要禁忌

傣族寨门附近都有"寨神庙",平时忌进去,寨心忌坐也忌脚踏或拴马,"神树"忌砍伐忌拴马,忌讳移动或触弄"神树"下送鬼的鬼匾、鬼盘、鬼台、竹竿等祭品。每寨都有佛寺,进入寺庙要脱鞋袜,妇女进佛寺忌讳任意走动,忌讳随便敲打佛寺里的鼓,忌讳摸神像及法器,忌摸小和尚头顶。骑马进村寨在寨门前要下马,忌讳骑马进寨。忌讳从家中火塘上面跨过,忌讳别人移动或抬起火塘上的三脚架,忌讳客人进卧室,忌头朝向主人家内室睡觉。忌在傣族人家中剪指甲,忌讳在室内吹口哨和玩响乐器等。

六、羌族

(一)概述

羌族(见图 6-11)是中国较古老的民族之一。其主要分布在四川阿坝藏族羌族自治州的茂县、汶川、理县和绵阳的北川羌族自治县境内,为四川独有的一个民族。

图 6-11 羌族

羌族历史悠久,三千多年前商代的甲骨文中已记载了羌人的活动。羌人自称"尔玛"或"尔咩",意为本地人。羌族有自己的语言,但无文字。羌语属于汉藏语系藏缅语族羌语支。现在很多羌人都会汉语。

羌族信奉原始拜物教。在羌族诸多祭神仪式中,最经常的是祭天神,而最隆重的是祭山神。山神是仅次于天神的重要神祇。祭祀由祭师(端公)主持,全寨所有男人不得缺席,祭祀时必须杀牛羊并举行隆重的宗教仪式。其实,这实际上是一种祈祷丰年的活动。敬神、驱鬼、祈福、辟邪等是主要宗教活动。羌族以白色的石头为崇拜的对象,因传说白石曾救助过羌人的祖先,现在羌族聚居区的屋顶、神坛、山间都广泛供奉着白石。

羌族人能歌善舞,尤其喜欢跳锅庄。歌舞时,常以羌笛、小锣、手铃、羊皮鼓伴奏。羌族的民间工艺品以羌族妇女的羌绣、刺绣最为驰名,色彩富丽,工艺精巧。

(二)民俗

羌族服饰朴素而具有特色。男女一般都穿长衫,外套羊皮背心,包头巾,缠绑腿,束腰带。妇女的衣服多绣花边,衣领上镶有一排梅花形图案的银饰,系绣花腰带,脚穿勾尖绣花鞋(云云鞋),喜欢戴耳环、银牌等首饰。

羌族的住房古称"邛笼",用石块垒成,一般二至三层,底层用作牲畜圈,第二层是居住区,第三层藏粮食、物品。屋顶平坦,可作晒坝。羌楼内用独木楼梯。堂屋内设有火塘,供取暖,做饭。

(三)主要禁忌

羌族忌讳随意搬动屋内陈设,火塘有家族香火的象征意义,严禁乱捅乱扒,白石是羌族人民心目中的神灵牌位,严禁用手摸。羌族人的祭神活动,外人不得随意进入,羌寨后的神林严禁外人进入,更不容许砍伐。

七、纳西族

(一)概述

纳西族(见图 6-12)集中分布在云南省、四川省、西藏自治区三省区相邻的地区,纳西族民众主要聚居在云南省丽江市以及滇川交界处的泸沽湖畔。

纳西族的语言被称作纳西语,属于汉藏语系。

纳西族普遍信仰崇拜多神的东巴教,部分纳西人信仰喇嘛教,极少数信仰道教、基督教。东巴教保存下了用东巴文和哥巴文书写的东巴经数千卷之多,是闻名世界的古文字资料。东巴教、东巴经、东巴文学艺术,形成了纳西族独具特色的东巴文化,如纳西族的东巴音乐、东巴舞蹈、东巴画、丽江古乐和丽江壁画等。其所居住的丽江古城是世界文化遗产。纳西文化在保持本民族传统特色的同时,还吸收了汉族、藏族、白族等少数民族的文化精华。

纳西族社会发展存在不平衡性。自元朝以来,居住在丽江的纳西族接受了汉族物质文化和精神文化,经济社会发展较快。特别是清朝以来,实行的"改土归流",使得纳西族的封建经济得到了进一步发展。但在泸沽湖畔生活着的纳西族人直到新中国成立时,依然保持着母系氏族家庭的对偶婚姻残余。

图 6-12　纳西族

（二）民俗

纳西族在饮食上以玉米、小麦和大米为主食。宁蒗彝族自治县的纳西族则以青稞为主食，喜欢喝酒，饮浓茶，吃酸、甜、辣味食物。丽江的火腿粑粑，宁蒗的琵琶猪和泸沽湖的鱼干、酸鱼，是纳西族的特色食品。

纳西族房屋依地形不同而不同。在坝区的纳西族，房屋多为土木瓦结构，普遍采用"三房一照壁"的形式，正房较高，偏房略低。山区的纳西族民居多为土楞房，上盖石片。

纳西族以自织的麻布或粗布为衣料，青壮年喜欢穿白色，老年人喜欢穿黑色。丽江纳西族妇女的服装最具民族特色，她们上身穿宽腰大袖大褂，外加坎肩，下穿长裤，系百褶围裙，脚穿绣花鞋，在领、袖、襟等处绣有花边，衣料多为蓝、白、黑三色，以黑为贵。纳西族最具特色的服饰是妇女的"七星披肩"，她们通常在劳动或出门时披黑羊皮七星披肩。宁蒗的纳西族妇女穿短衫，下系百褶裙，背披羊皮，青布包头，以梳大辫子为美，用牦牛尾或线做假辫，喜欢系腰带。

纳西族人因居住地区不同，婚姻习俗各有特点。主要聚居于丽江市的纳西族已经是一夫一妻制父系家庭。而在泸沽湖畔的纳西族却仍保持着古代多种婚姻家庭形态的残余。比如，纳西族支系摩梭人，至今仍保留着"阿夏""阿注"走婚制和母系家庭的形式。所谓"阿夏""阿注"在摩梭语中是伴侣和情人的意思。阿注婚的主要特点是男不娶妻，女不嫁夫，成年男子夜间到相好的女子家里过偶居生活，次日黎明返回自己的母亲家里，所以也称"走婚"。男女彼此不算夫妻，而以"阿注"相称，所生子女归女方，男子不承担任何义务，男女双方均保持另交"阿注"和拒绝对方的自由，婚姻关系不稳定，目前家庭形态仍以母系为主，但出现了向父系家庭过渡的现象。

纳西族在节日上有跟汉族大体相同的春节、端午、中秋和清明等节日，但在节日内容上却不尽相同。也有与彝族、白族相似的火把节，更有本民族独特的传统节日，比如三朵节。

三朵节是纳西族的传统节日。"三朵"是纳西族千百年来笃信的保护神,过去每年农历二月初八和八月第一个羊日,各地纳西族都到丽江白沙三朵阁和各地三朵阁举行隆重的祭拜活动,并进行各种文娱活动。

（三）主要禁忌

有的地方骑马到寨前必须下马,到主人家里不能将马拴在祭天堂的地方。忌讳触动大门两旁所立的石头"门神",忌讳用手摸横在门上放的束有鸡毛草绳的松木叉"代口神",忌讳乱砍伐"神树",不能蹬踏架锅做饭用的三脚架,不能翻弄灶里的灰。祭天堂、祖先、战神时,忌讳外人观看。进屋后,不能靠神位就座,最好坐在灶下方或周围。忌讳在家里唱山歌。

任务五 中国中南地区主要少数民族民俗

任务引入

在中国南方的崇山峻岭之中,热带风情海洋之上,生活着一群勤劳勇敢、热情善良的少数民族。那么这些少数民族有什么特点呢?本任务就带大家来看一看。

理论知识

掌握本地区少数民族及其民族文化,了解其主要禁忌。

一、壮族

（一）概述

壮族（见图 6-13）是我国少数民族人口中最多的一个民族,90％以上的壮族人民聚居在广西壮族自治区,其余居住在云南文山、湖南江华、广东连山、贵州从江等地。壮族,旧称"僮",1965 年 10 月 12 日,由时任国务院总理周恩来提议,并征得壮族人民同意,由国务院批准,更为现族称。

图 6-13 壮族

壮族有自己本民族的语言文字,壮语属于汉藏语系,分为南北两大方言。壮文是以拉丁字母为基础创制的文字,已在壮族地区全面推行使用。

壮族历史悠久,文化多样,是由古代西瓯、骆越等百越各支系经过长期的历史演变形成的。各地称谓不同,有布壮、布越、布土等名称。

壮族主要从事农业生产,善于种植玉米、水稻、薯类等。壮族所在地区气候温和,雨水充沛,森林面积广大,盛产樟木、银杉等名贵木材。水果也很丰富,甘蔗产量居全国首位。南珠、三七、蛤蚧是壮族地区久负盛名的特产。

壮族崇拜祖先,信仰多神。唐宋以后,佛教、道教传入壮族地区,对壮族农村影响较深。

壮族具有悠久灿烂的民族文化,广西南部的花山原始崖壁画是壮族古代艺术精华,壮族人民铸造使用铜鼓已有 2000 多年历史,素有"铜鼓之乡"的美誉。壮锦是壮族享有盛誉的工艺纺织品,以图案精巧、色彩绚丽、织工精巧和结实耐用而著称,与苏州宋锦、南京云锦、成都蜀锦并称为"中国四大名锦"。另外,壮族手工艺品壮族刺绣、竹芒编等也声名远播。壮歌久负盛名,定期举办"歌圩"盛会。"歌圩"是壮族人民对歌、赛歌的盛大集会,相传跟唐代歌仙刘三姐有关。

（二）民俗

壮族在饮食上以大米和玉米为主食,蔬菜品种丰富,常以水煮的方式烹制。壮族人民还喜欢自己酿制米酒、木薯酒和红薯酒,其中米酒是过节和待客的主要饮料。逢年过节时,壮族人民喜欢用大米制成各色粉糕,五色花饭及外形奇特的各种粽子。喜好腌制的酸食,以生鱼片为佳肴。妇女普遍有嚼槟榔的习惯。

壮族住房多与当地汉族相同。部分地区因地制宜,居民住"干栏式"建筑,竹木结构,分上下两层,楼上住人,楼下堆放杂物。

壮族服饰因居住地域不同而不同。广西西北部,年老壮族妇女多穿无领、左衽、绣花、绲边的衣服和绲边、宽脚的裤子。腰间束绣花围腰,喜欢戴银首饰。广西西南部的龙州县、凭祥市一带的妇女,喜欢穿着无领、左衽的黑色上衣,包方块形状的黑帕,穿黑色宽脚裤子。男子多喜爱穿着唐装。

壮族节日繁多,传统的民俗节日有春节、牛魂节、中元节等。最主要的节日是以对歌为主要活动的歌圩节。歌圩节在每年三月三举办,是壮族民间传统歌节,流行于广西、云南等地。多在春秋两季举行,为期数天。每逢圩日,方圆十里的男女青年会聚传统的歌场,有数千至数万人。各村寨分为男女两队,以歌传情,通宵达旦,持续数天。圩日期间还举行抛绣球、碰红蛋、踢毽子、抢花炮等活动。未婚青年常在此时寻找到意中人,彼此交换信物,再经父母请媒说亲。还举办各种庙会活动,形成商品集散盛会。

（三）主要禁忌

壮族最有意思的习俗是称"猪肝"为"猪湿",称"猪舌"为"猪利",因为在当地汉语中,"干"与"舌"都为亏本之意。

壮族人忌吃牛肉和蛙肉,忌讳用脚踩踏锅灶,禁止在灶上煮狗肉。忌讳筷子落在地上,认为不吉利。吃饭时,忌讳用嘴把饭吹凉,更忌讳把筷子插放到碗里。忌讳从正在晾晒的妇女裤子下走过。忌讳在夜间行走时吹口哨,无论何人,都忌讳坐在门槛中间。

二、黎族

（一）概述

黎族人（见图 6-14）在中国古代也是"百越人",主要聚居于海南省。黎语属于汉藏语系,在不同地区有不同方言。1957 年曾创制以拉丁字母为主要形式的黎文方案。

图 6-14　黎族人

黎族宗教信仰多种多样,并渗透于生活的各个方面,首先表现为崇拜祖先,其次崇拜自然,流行鸡骨卜和蛋卜。近代以来,有少数人信仰基督教。

黎族人主要以从事农业为主,种植稻、薯、玉米等作物。手工业、渔猎、饲养家畜家禽、采集野生植物是重要的家庭副业。黎族人民所居住的地方,处于热带,在这里水稻可以一年三熟,也是我国热带经济作物的主要产地。热带经济作物里的橡胶、油料、胡椒、水果、咖啡、甘蔗、腰果等的种植,已经成了黎族经济的重要来源。

黎族音乐和舞蹈具有本民族的鲜明特色,"打柴舞""竹竿舞"场面欢快热烈,鼻箫是黎族独特的乐器。黎族擅长制作独木器,所使用的任何器具、原料都必须为一块整木。黎族手工纺织技术历史悠久,早在唐宋时代就领先于中原。元朝初年,我国著名的纺织能手黄道婆,就是学艺于黎族的纺织技艺。黎锦、黎单闻名海内外。

（二）民俗

黎族人在饮食上比较简单,喜欢以稻米、番薯、玉米为主食,多以狩猎、采集所得作为副食,只种少量蔬菜。日进三餐,喜欢稀饭,而不喜欢干饭,并习惯腌制生鱼、生肉。竹筒烧饭是黎族人日常生活中独特的野炊方法。黎族妇女喜欢嚼槟榔。

黎族多同姓聚居。在五指山腹地的民居多为竹木结构的茅草泥房,房屋形式变化较多,有船形、金字塔形等。最有特色的船形屋建筑有铺地型和高架型两种。高架型的地板离地面约 2 米,上住人、下养牲畜,这就是干栏式建筑的另外一种形式。

黎族男子喜欢穿无领对襟上衣,下穿前后两幅布的吊襜,结鬃缠头。女子穿对襟无扣上衣,下穿无褶筒裙,多绣织花纹,筒裙有长短之分。妇女束发于脑后、插有牛骨、箭猪毛、金属制成的发簪,披绣花头巾,盛装时戴项圈、脚环、耳环、手镯等。妇女还有文面文身的习俗,称之为"雕题"。黎族衣服多以棉、麻为原料,植棉、棉纺织历史悠久。黎族服饰图案的取材,多采用青蛙、坡鹿、榕树等图腾崇拜物,配色和谐,绚丽华美。

黎族的传统节日除了过年以外,还有三月三。三月三是我国黎族传统节日,黎语称为"浮内浮",因为在每年农历三月三举行,所以得名。它是为预祝"山兰"和打猎丰收的节日,也是男女青年自由交往的日子。

（三）主要禁忌

在黎族,敬神之物,忌讳翻动。忌讳朝门口睡觉,如果过路客人无意犯忌,主人会以为将有祸临头,忌讳吃狗、马等动物肉,忌讳影子被别人踩踏,妇女文身忌讳男人参与或偷看。

三、土家族

（一）概述

土家族(见图 6-15)主要聚居于湘、鄂、渝、黔四省市交界处的丛山之中。土家族自称"毕兹卡",在史册中也有多种其他称谓,新中国成立后,正式定名为土家族。

土家族语言属于汉藏语系藏缅语族,接近彝语支,但没有文字,通用汉文,一般土家族人都会讲汉话。

图 6-15　土家族

土家族主要从事农业生产，善于渔猎，其经济发展虽受汉族影响较大，但也有自己的特点。

土家族的织绣艺术是土家族妇女的传统工艺，并且享誉全国。土家族的传统工艺还有雕刻、绘画、剪纸、蜡染等。土家织锦称作"西兰卡普"，是土家族妇女独特的织锦工艺品，仅织锦图案就达到了数百种之多。土家族人民爱唱山歌，山歌有哭嫁歌、摆手歌、劳动歌、情歌、盘歌等。传统舞蹈则有"摆手舞""八宝铜铃舞"及歌舞"茅古斯"。在这其中，"摆手舞"是最著名的土家古老舞蹈，每年春节期间都要举行摆手舞会。土家织锦和"摆手舞"并称为土家族人民的艺术之花。

土家族迷信鬼神，崇拜土王（为土家族祖先），尊奉土老师，相信兆头。道教、佛教和基督教先后传入，对土家族的宗教信仰也有一定的影响。

（二）民俗

土家族人喜爱苞谷、稻米，爱好喝酒，善食辣椒、花椒、山胡椒。习惯做腊肉、甜酒、团馓和糍粑等。菜肴以酸辣为特点，有"辣椒当盐"的嗜好。爱喝用糯米、高粱酿制的甜酒和咂酒。

土家族人现在的服饰与当地汉族服饰相差不大。但在高山地区的土家族老人的穿着和保存的衣饰，则与汉族、侗族及苗族服饰不同。土家族人的服饰布料多为自纺自织的土布。男装为对襟短衫，扣子很多，下装为长裤，土家族男子喜欢用青布包头。女装为短衣大袖，左衽开襟，滚镶花边，原为八辐罗裙，后改为镶边筒裤，头缠墨青丝帕或布帕。

土家族房屋一般都依山而建，呈虎坐形。其中，土司或土官居住的木架房屋雕梁画栋，房顶盖瓦，俗称吊脚楼。吊脚楼就是土家族最具传统形制的建筑形式，其基本特点就是，正屋建在实地上，厢房除一边靠在实地和正房相连，其余三边皆悬空，靠柱子支撑。正屋和厢房上面住人，厢房的下部有柱无壁，用来喂养牲畜、堆放杂物。

土家族的传统节日主要有赶年、六月六等。赶年，就是土家族比汉族提前一天或几天过春节。月大在腊月二十九，月小则在腊月二十八，也有在腊月二十七、二十六的，所以，称为赶年或调年会。过赶年的习俗，相传与土家族祖先为了抗击外来侵略，提前吃年饭以出发迎战有关系。

（三）主要禁忌

忌讳吃狗肉，忌讳随意移动火塘中的三脚架，忌讳用脚踩灶或坐在灶上以及将衣裤、鞋袜和其他脏物放在灶上，客人不能与少妇坐在一起，但可以与姑娘坐在一条长凳上。忌讳在家里吹口哨和随意敲锣打鼓。

实践操作

开展"我是中华民族宣传员"的模拟导游讲解活动

活动目的

能将本任务中所学到的相关民族知识运用到实践活动中，提高自身讲解水平。

活动要求

以小组为单位，通过组内分工合作，查阅相关资料，撰写一篇介绍少数民族概况的导游词。

活动步骤

根据本任务中所涉及的少数民族，把握其风俗习惯、主要聚居地及传统服饰等民族特点，以小组为单位，创作一篇介绍本民族特点的导游词，并讲一讲这样写的原因。

活动评价

小组评价、自我评价、教师评价。

拓展提升

中国中南地区少数民族众多，民族风情浓厚，以能歌善舞而闻名。请以导游词的形式，选择一个民族，为游客讲一讲他们的民族舞蹈。

项目小结

本任务介绍了在中国具有代表性的少数民族的基本概况。这些少数民族独具风情，拥有自身灿烂无比的历史文化。他们为共同推动中华民族的进步，做出了自己的杰出贡献。

这些少数民族丰富多彩的节日文化也构成了中国人文风景线的绚丽一笔,吸引着四面八方的人民去探寻其中的奥秘。

项目训练

一、单选题

1. 我国人口最多的少数民族是( )。

A. 黎族   B. 壮族   C. 苗族   D. 满族

2. ( )是少数民族中在全国分布最广的民族,全民族信仰伊斯兰教。

A. 回族   B. 纳西族   C. 朝鲜族   D. 土家族

3. 汉族先民在( )时期已形成了以"华""夏"的单称或"华夏"连称的族名。

A. 夏朝   B. 商朝   C. 周朝   D. 春秋

4. 我国少数民族中满族、回族、壮族的主要分布省区依次为( )。

A. 辽宁、内蒙古、广西   B. 吉林、海南、广西

C. 吉林、海南、河南   D. 辽宁、宁夏、广西

5. 苗族妇女的衣服称为( ),苗族的楼房多为( )。

A. 长袍、吊脚楼   B. 银衣、吊脚楼

C. 擦尔瓦、一正两耳   D. 银衣、一正两耳

6. 土家族的传统饮食是( )。

A. 腊肉、甜酒   B. 五色饭、嚼槟榔   C. 竹筒饭、糯米饭   D. 砣砣饭、转转酒

7. 彝族传统建筑的象征是( )。

A. 碉楼   B. 船形屋   C. 干栏式   D. 吊脚楼

8. 纳西族的传统食品有( );其最具民族特色的传统节日是( )。

A. 小香猪、观音街   B. 砣砣肉、三月三   C. 转转酒、火把节   D. 火腿粑粑、三朵节

9. 被称为"白衣民族"的少数民族是( )。

A. 傣族   B. 苗族   C. 黎族   D. 朝鲜族

10. ( )是蒙古族最具民族特色的传统盛会。

A. 三月三   B. 歌圩节   C. 那达慕   D. 开斋节

二、多选题

1. 下列少数民族主要聚居于西南地区的有( )。

A. 彝族   B. 阿昌族   C. 畲族   D. 苗族   E. 土家族

2. 下列不吃狗肉的民族有( )。

A. 满族   B. 朝鲜族   C. 蒙古族   D. 壮族   E. 藏族

3. 下列信仰小乘佛教的少数民族有( )。

A. 东乡族   B. 佤族   C. 布朗族   D. 傣族   E. 白族

4. 下列要过火把节的民族的有( )。

A. 彝族   B. 白族   C. 基诺族   D. 拉祜族   E. 苗族

5. 下列地区主要是壮族分布区的有（   ）。

A. 云南文山   B. 湖南江华   C. 广东连山   D. 贵州从江   E. 福建三明

三、判断题

1. 蒙古族以牛羊肉和奶制品为主食，喜欢吃手扒肉和酸奶。（   ）

2. 敬献哈达是回族人对客人最普遍而又最隆重的礼节。（   ）

3. 萨其马是鄂温克族传统点心。（   ）

4. 藏族人民主要从事种植业，信仰藏传佛教。（   ）

5. 维吾尔族有自己独特的地下暗沟渠——坎儿井，用以灌溉良田。（   ）

6. 在回族，水稻种植历史早，品种优良。（   ）

7. 彝族男子头上都有一蓬头发，即"天菩萨"，这是他们最高贵的地方，忌旁人用手触摸。（   ）

8. 汉族多聚居于人口稠密的西北部，少数民族则多住在人口稀少的东南地区。（   ）

9. 朝鲜族将喝茶看作友谊的象征。（   ）

10. 我国拥有少数民族最多的省份是贵州。（   ）

能力训练

我是中华民族宣传员：

根据本任务中涉及的少数民族，把握其风俗习惯、主要聚居地及传统服饰等民族特点，以小组为单位，为其创作一篇介绍本民族特点的导游词，并讲一讲这样写的原因。最后，通过表 6-1 项目评分表打分评比，选出最佳小组和讲解个人。

表 6-1   导游讲解项目评分表

评价项目	自我评定	小组评定	教师评定
仪容仪表（10 分）			
礼节礼貌（15 分）			
语音语调（10 分）			
口头表达（20 分）			
体态语言（10 分）			
讲解内容（20 分）			
讲解技巧（15 分）			
总评（等级评定）			

等级评定：优（90 分及以上）良（80—89 分）中（70—79 分）

合格（60—69 分）不合格（60 分以下）

项目七
中国的烹饪流派及风物特产

项目目标

职业知识目标：

1. 中国饮食文化概述及八大菜系。

2. 中国名酒。

3. 中国名茶。

4. 中国陶瓷。

5. 织绣工艺品。

6. 雕塑工艺品。

职业能力目标：

1. 通过中国饮食文化概述及八大菜系的讲述，开阔学生的视野，培养学生纵向思维的能力。

2. 通过认识中国名酒、中国名茶、中国陶瓷、织绣工艺品、雕塑工艺品，帮助学生深化对风物特产的认识，激发他们从事导游工作的兴趣。

职业素养目标：

培养学生导游职业的兴趣和社会责任感。

知识框架

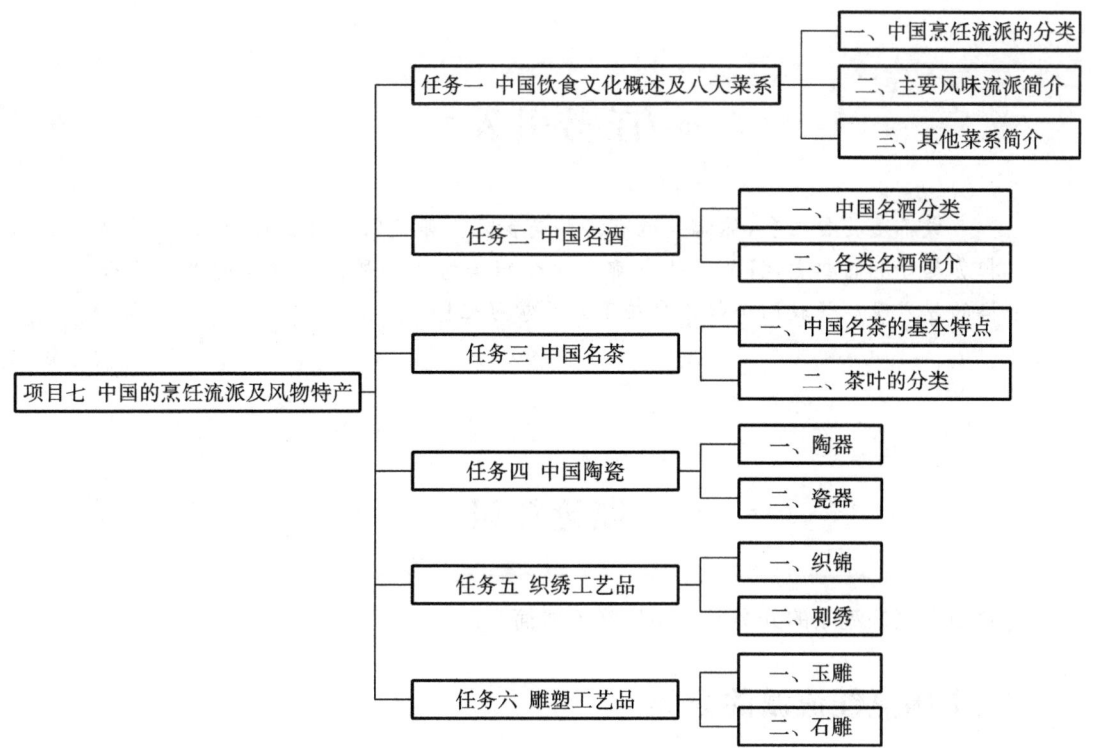

（内容：）

项目七 中国的烹饪流派及风物特产

- 任务一 中国饮食文化概述及八大菜系
  - 一、中国烹饪流派的分类
  - 二、主要风味流派简介
  - 三、其他菜系简介
- 任务二 中国名酒
  - 一、中国名酒分类
  - 二、各类名酒简介
- 任务三 中国名茶
  - 一、中国名茶的基本特点
  - 二、茶叶的分类
- 任务四 中国陶瓷
  - 一、陶器
  - 二、瓷器
- 任务五 织绣工艺品
  - 一、织锦
  - 二、刺绣
- 任务六 雕塑工艺品
  - 一、玉雕
  - 二、石雕

项目导入

　　《舌尖上的中国》引起了中国饮食文化的大热，纪录片《早餐中国》《风味中国》等让观众在了解美食的同时更了解了中国的饮食文化。一名优秀的导游员怎样才能将各地饮食介绍得恰到好处呢？应是在了解中国的饮食文化及各大菜系的基础上，让游客更全面地了解地方饮食特色。

 # 任务一　中国饮食文化概述及八大菜系

任务引入

　　成都是美食之乡,你都知道有哪些美食呢? 那我们作为成都的主人,更要担负起导游的职责,将美丽的成都美食介绍给游客。那么怎样才能做一名合格的导游呢? 让我们一起开启接下来的学习吧!

理论知识

了解中国烹饪流派的分类及主要风味流派简介。

一、中国烹饪流派的分类

(一)根据地域范围划分

　　根据地域的范围,我国的菜肴可划分为山东风味、四川风味、广东风味、江苏风味四大风味及八大菜系(鲁菜、川菜、粤菜、苏菜、浙菜、徽菜、湘菜、闽菜)。

(二)根据原料的使用划分

　　根据原料使用的不同,可划分为荤菜和素菜两个流派。

(三)根据功用来划分

　　根据菜肴的功用,可划分为普通菜肴和保健菜肴。

(四)根据时代来划分

　　根据时代的不同,我国有现代菜和仿古菜(宫廷菜、孔菜)。

二、主要风味流派简介

（一）鲁菜

1. 特点

鲁菜："四大菜系"之一。其主要特点是：

（1）原料使用以烹制海鲜和各种动物内脏见长。

（2）烹调技法以爆、炒、扒、熘最具特色，重视火候。

（3）味型以清香、鲜嫩、味纯为主。

（4）精于制汤，嗜葱蒜，善于以葱香调味。

2. 代表菜肴

代表菜肴有葱烧海参、糖醋鲤鱼、德州扒鸡、扒原壳鲍鱼、奶汤蒲菜等。

3. 著名小吃

著名小吃有蓬莱面、荷叶饼、煎饼、周村酥烧饼等。

（二）川菜

1. 特点

川菜有"食在中国，味在四川"之誉。川菜主要分成都、重庆两个流派。川菜的主要特点是：

（1）原料的使用取料较广泛。

（2）烹调技法以小炒、小煎、小烧、干烧、干煸见长。

（3）味型丰富，"百菜百味"，主要以麻辣、鱼香、味广等著称。

2. 代表菜肴

代表菜肴有鱼香肉丝、宫保鸡丁、麻婆豆腐、水煮鱼片、怪味鸡块、毛肚火锅、干煸牛肉丝等。

3. 著名小吃

四川小吃天下闻名，赖汤圆、龙抄手、担担面、酒酿是其突出代表。

（三）粤菜

1. 特点

粤菜又叫广东菜，由广州、潮州、东江三地风味组成。粤菜的主要特点是：

（1）原料的选料极其广博奇杂，尤重"生猛""不问鸟兽虫蛇，无不食之"。

（2）烹调方法多样而善于变化，善于煎、炸、清蒸、煲，尤善软炒等，善用蚝油。

（3）口味特点是鲜嫩爽滑，突出原味，且讲究季节。夏秋之季讲清淡，冬春之季讲浓郁。

2. 代表菜肴

代表菜肴有三蛇龙虎会、油泡鲜虾仁、脆皮乳猪、蚝油鲜菇、东江盐焗鸡、脆皮炸海蜇等。

3. 著名小吃

著名小吃有广式月饼、蟹黄灌汤饺、马蹄糕、松糕等。

（四）苏菜

1. 特点

苏菜也叫做淮扬菜，是扬州、淮安、镇江、南京等地风味菜肴的总称。淮扬菜的主要特点是：

（1）原料的选择不拘一格，以鲜活、鲜嫩为主要特点。讲究刀工、火工和造型。

（2）烹调技法擅长炖、焖、煨、焐，重视调汤。

（3）味型为清爽、鲜淡、平和，强调原汁原味。

2. 代表菜肴

代表菜肴有清炖狮子头、三套鸭、叫花鸡、松鼠鳜鱼、鸡汤煮干丝、清炖蟹粉、水晶肴蹄、鸭包鱼等。

3. 风味小吃

风味小吃有黄桥烧饼、苏州糕团、常熟莲子血糯饭、太湖船点等。

（五）浙菜

1. 特点

浙菜以杭州、宁波、绍兴三地风味为主，以杭州菜为代表。浙菜的主要特点是：

（1）选料注重时令，讲究时鲜，烹制海鲜有独到之处。

（2）烹调技法以炖、炸、焖、蒸见长。

（3）味道鲜嫩软滑，香醇绵糯，清爽不腻。

2. 代表菜肴

代表菜肴有西湖醋鱼、东坡肉、龙井虾仁、虎跑素火腿、干菜焖肉、西湖莼菜汤等。

3. 著名小吃

著名小吃有宁波汤团、五芳斋粽子等。

（六）徽菜

1. 特点

皖南菜是徽菜的主要代表。徽菜的主要特点是：

（1）善于以火腿佐味，冰糖提鲜。

（2）烹调技法擅烧炖、蒸制、少爆炒。重油、重色、重火工。

（3）口味醇厚。

2. 代表菜肴

代表菜肴有符离集烧鸡、李鸿章杂碎、葫芦鸭子、火腿炖甲鱼等。

（七）湘菜

1. 特点

湘菜由湘江流域、洞庭湖、湘西山区三地风味构成。湘菜的主要特点是：

（1）用料广泛，刀工精湛，技法多样。

（2）烹调技法以小炒、清蒸见长，兼腊、炖、泡等。

（3）口味重辣酸、香鲜。

2. 代表菜肴

代表菜肴有麻辣仔鸡、生熘鱼片、清蒸甲鱼、腊味合蒸、油辣冬笋尖、吉首酸肉、洞庭肥鱼肚等。

3. 著名小吃

著名小吃有糯米藕饺饵、虾饼、姊妹团子等。

（八）闽菜

1. 特点

闽菜主要以福州、闽南、闽西三地特色为主。闽菜的主要特点是：

（1）烹调技法以炒、熘、煎、煨为主。

（2）味型为福州偏酸辣，闽南多香辣，闽西喜浓香醇厚。

2. 代表菜肴

代表菜肴有佛跳墙、淡糟鲜竹蛏、沙茶焖鸭块、荔枝肉、雪花鸡、菊花鱼球等。

3. 著名小吃

著名小吃有手抓面、蚝煎、蛎饼、油葱粿等。

三、其他菜系简介

（一）宫廷风味菜

清代的宫廷菜主要由三种风味构成，即山东菜、满洲烧烤牛羊肉和苏杭口味。其主要特点是：

（1）选料考究，配料严格。

（2）烹调细腻，讲究刀工。

（3）造型优美，寓意吉祥。

（4）讲究时令，注重食补。

代表菜式有鱼藏剑、燕窝贺宇、万字扣肉及荷包里脊等。

（二）素菜

素菜又称"寺院菜"。清代时素菜逐渐形成三个派系，即寺院素食、宫廷素食和民间素食。素菜的主要特点是：

（1）原料全素，讲究时令。

（2）讲究形似，以素代荤。

（3）花色繁多，制作考究。

素菜的代表菜有半月沉江、红焖鸭、炒腰花、醋熘素黄鱼、脆皮烧鸡等。享有盛名的素餐馆有天津的真素园、上海的功德林、北京的全素斋和广州的菜根香等，它们都有自己特制的风味菜肴。

（三）药膳

药膳是我国传统医药知识与烹调技术有机结合的产物。

药膳根据食用者的生理特点分为增进健康和延缓衰老两大类。按功效可分为滋补强身类和保健益寿类。

药膳代表菜有天麻炖甲鱼、虫草鸭子、山药茯苓包子等。

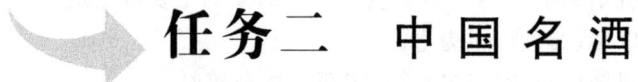

任务二　中国名酒

任务引入

　　中国酒文化博大精深，你都了解哪些酒水知识呢？让我们一起开启接下来的学习吧！

理论知识

了解中国名酒的分类及各类名酒介绍。

一、中国名酒的分类

中国名酒根据酿酒的方法,分为蒸馏酒、发酵酒和配制酒。

按照酒精含量划分:20 度以下为低度酒、20—39 度为中度酒、39 度以上为高度酒。

根据商业习惯,酒分为白酒、黄酒、葡萄酒、果酒、啤酒和药酒等。

二、各类名酒简介

(一)白酒

1. 白酒的分类

(1)酱香型。又名茅香型,贵州茅台酒为典型代表。

(2)清香型。又名汾香型,山西汾酒为典型代表。

(3)浓香型。又名窖香型,四川泸州老窖和五粮液为典型代表。

(4)米香型。又名蜜香型,广西桂林三花酒为代表。

(5)复香型。也称兼香型、混合香型。贵州遵义的董酒、陕西西凤酒都属于此类。

2. 全国名酒

全国名酒包括茅台酒、西凤酒、武陵酒、宝丰酒、汾酒、郎酒、董酒、双沟大曲、沱牌曲酒、剑南春酒、五粮液酒、泸州老窖、全兴大曲、特制黄鹤楼酒。

(二)黄酒

黄酒又称压榨酒,浙江绍兴的产品最为著名。黄酒以糯米或粳米、籼米、黍米、玉米等为原料。

代表黄酒有绍兴黄酒、沉缸酒、大连黄酒、花雕、元红等。浙江绍兴加饭酒和福建龙岩沉缸酒先后被评为国家名酒。

(三)果酒

果酒主要包括葡萄酒、苹果酒、山楂酒、梨酒等,其中葡萄酒最为著名。

1. 葡萄酒的分类

按加工方法可分为酿造葡萄酒(又称原汁葡萄酒、静止葡萄酒)、加香葡萄酒、起泡葡萄酒和蒸馏葡萄酒。

按糖分含量分为干葡萄酒、半干葡萄酒、半甜葡萄酒、甜葡萄酒。

按色泽分为红葡萄酒、玫瑰红葡萄酒和白葡萄酒。

2. 国家名酒

被评为国家名酒的葡萄酒有山东烟台产的红葡萄酒、金奖白兰地、味美思等 9 种。此外,通化葡萄酒也较著名。

（四）啤酒

啤酒以大麦芽和啤酒花为主要原料。

根据是否杀菌可分为鲜啤酒（生啤酒）和熟啤酒。根据麦汁浓度、酒精含量可分为低浓度啤酒、中浓度啤酒和高浓度啤酒。根据色泽可分为黄啤酒（淡色或浅色啤酒）和黑啤酒（浓色或绿色啤酒）。

山东青岛啤酒、北京特制啤酒和上海特制啤酒在全国评酒会上被评为国家名酒。

（五）配制酒

著名的配制酒有山西杏花村竹叶青酒、湖北园林青酒、中亚牌至宝三鞭酒、阿胶酒、麦饭石酒等。竹叶青酒和园林青酒在全国评酒会上被评为国家名酒。

任务三 中国名茶

任务引入

中国茶文化博大精深，你都了解哪些中国名茶知识呢？让我们一起开启接下来的学习吧！

理论知识

了解中国名茶的基本特点及茶叶分类。

茶与咖啡、可可并称为世界三大饮料。

中国历史上第一位研究茶的是唐代的陆羽。其著有《茶经》，是中国乃至世界现存最早、最完整、最全面介绍茶的第一部专著，被誉为茶叶百科全书。

一、中国名茶的基本特点

名茶必须具有以下基本特点：

其一，风格独特。主要表现在茶的色、香、味、形四个方面。如杭州西湖的龙井茶以"色绿、香郁、味醇、形美"四绝著称于世。

其二,名茶要具有商品的属性。不仅要求质量高,同时要求有一定的产量。

其三,社会的普遍认同。

二、茶叶的分类

(一)绿茶

绿茶是中国最古老的茶叶品种。加工时不经发酵,采用高温杀青。杭州龙井、太湖碧螺春、黄山毛峰、君山银针等较为著名。

(二)红茶

红茶制作的关键是发酵。中国著名的红茶有安徽祁红、云南滇红、湖北宜红、四川川红等。安徽祁红、印度大吉岭茶、斯里兰卡乌伐茶并称为世界三大高香名茶。

(三)乌龙茶

乌龙茶也称青茶。制作时使用"摇青""做青"等独特的方法,俗称"绿叶红镶边"。著名的品种有铁观音、武夷岩茶、大红袍、广东水仙、台湾乌龙等。

(四)白茶

白茶是鲜叶加工时不经发酵、揉捻,直接干燥的茶。名品有白毫银针、白牡丹等。

(五)花茶

花茶又名香片,是我国特有的再加工茶。苏州茉莉花茶是花茶之精品。

(六)紧压茶

紧压茶是将茶蒸制后,放入模具压制成不同的形状,又称为"边销茶"。

任务四　中国陶瓷

任务引入

中国陶瓷文化博大精深,你都了解哪些陶瓷知识呢?让我们一起开启接下来的学习吧!

理论知识

了解中国陶瓷概述，了解陶瓷分类。

陶瓷是陶器和瓷器的合称。中国古代陶器以彩陶著称于世。瓷器是中国古代伟大发明之一。

瓷器、丝绸、茶叶并称为中国古代三大特产。

一、陶器

陶器是用黏土或陶土经捏制成形后烧制而成的器具。

我国著名的陶器品种有江苏宜兴紫砂陶、广东石湾陶、山东淄博美术陶瓷、安徽界首彩陶、洛阳唐三彩等。

（一）江苏宜兴紫砂陶

宜兴素有"陶都"之称。

紫砂陶为其陶中精品，紫砂陶是无釉细陶器，有天下"神品"之称。紫砂壶被誉为"世界茶具之首"。

（二）山东淄博美术陶瓷

淄博美术陶瓷造型浑厚古朴，色泽绚丽多彩，不论在造型和装饰上都具有较高水平。宋代问世的"雨点釉"和"茶叶米釉"，至今仍被各国视为珍品。

（三）洛阳唐三彩

唐三彩是盛行于唐代的一种低温釉陶器，主要由黄、绿、褐三色釉彩涂胎，故称唐三彩。因唐三彩最早、最多出土于洛阳，亦有"洛阳唐三彩"之称。唐三彩是中国制陶技术发展的高峰，当时闻名中外。

二、瓷器

中国瓷器主要有青瓷、白瓷和彩瓷等。江西景德镇、福建德化和湖南醴陵并称为中国三大瓷都。

（一）景德镇瓷器

景德镇是我国著名"瓷都"，以其瓷器"白如玉、薄如纸、明如镜、声如磬"的独特风格闻名于世。青花瓷、青花玲珑瓷、粉彩瓷和高温颜色釉瓷被称为"景德镇四大名瓷"。

（二）德化白瓷

福建德化是我国白瓷的著名产地，尤其是其薄胎产品，薄如蝉翼，精美绝伦，被国际上誉为"东方艺术之花"。

（三）醴陵瓷器

1915 年，醴陵瓷器获巴拿马万国博览会金奖。

任务五　织绣工艺品

任务引入

中国织绣工艺品博大精深，你都了解哪些织绣工艺品知识呢？让我们一起开启接下来的学习吧！

理论知识

了解织绣工艺品分类。

织绣是我国民族工艺的瑰宝，主要分为织锦和刺绣。

一、织锦

（1）云锦：产于江苏南京，名云锦。
（2）蜀锦：产于四川成都。
（3）宋锦：产于江苏苏州。

二、刺绣

（1）苏绣：产于江苏苏州。苏绣艺术特点的代表作品是双面绣《猫》。

（2）湘绣：湘绣是以湖南长沙为中心的刺绣产品的总称，被称为"超级绣品"。代表作有《虎》和《毛狮》。

（3）粤绣：产于广东。代表作有《百鸟朝凤》。

（4）蜀绣：产于四川成都。代表作有《芙蓉鲤鱼》。

任务六　雕塑工艺品

任务引入

中国雕塑工艺品博大精深，你都了解哪些雕塑工艺品知识呢？让我们一起开启接下来的学习吧！

理论知识

了解雕塑工艺品分类，了解名品及其产地。

按其雕刻的技法可分为圆雕、浮雕和透雕等。按材料的不同雕刻工艺可分为玉雕、石雕和木雕等。

一、玉雕

玉雕是以各种玉石为原料。和田玉雕、岫岩玉雕和江苏玉雕较为有名。

（1）和田玉雕：产于新疆和田，又称昆山玉。

（2）岫岩玉雕：产于辽宁岫岩。代表作为鞍山玉佛苑的"玉佛"，是世界上最大的玉佛，已被列入吉尼斯世界纪录。

（3）江苏玉雕：以扬州、苏州、连云港的产品较为著名。

二、石雕

秦始皇陵兵马俑、霍去病墓石雕、大足石刻、云冈石窟大佛、龙门石窟大佛、乐山大佛等都是著名的石雕艺术精品。唐朝"昭陵八骏"是古代浮雕艺术的代表。

青田石雕、寿山石雕、昌化鸡血石雕最为著名。

（1）青田石雕：产于浙江青田，所以也叫青田石。

（2）寿山石雕：产于福州寿山，有"一两田黄一两金"之说。代表作是故宫所藏慈禧太后的寿山石玺。

（3）昌化鸡血石雕：产于浙江临安的玉岩山。具有鸡血般的鲜红色彩和美玉般的天生丽质，以"国宝"之誉驰名中外。

实践操作

完成一次"风味中国的旅行"

活动目的

了解各地美食文化，体验导游乐趣。

活动要求

完成一次风味中国的讲解。

活动步骤

确定饮食派别—准备美食导游词—带领小组同学完成导游工作。

活动评价

小组评价、自我评价、教师评价。

拓展提升

搜集你的家乡美食的最新资讯，与班级同学分享。

项目小结

通过项目七的学习，了解了中国饮食文化，了解各地风物特产等，为接下来的导游做准备。

项目训练

一、单选题

1.《百鸟朝凤》是( )的代表。

A. 苏绣　　　　　B. 粤绣　　　　　C. 蜀绣　　　　　D. 湘绣

2. 有"陶都"之称的是( )。

A. 宜兴　　　　　B. 桂林　　　　　C. 南宁　　　　　D. 湛江

二、多选题

1. 唐三彩的三种釉彩颜色有( )。

A. 黄色　　　　　B. 褐色　　　　　C. 绿色　　　　　D. 红色

2. 以湘菜风味为主的地域有( )。

A. 湘江流域　　　B. 洞庭湖　　　　C. 湘西山区　　　D. 珠江流域

三、判断题

1. 乙醇有毒,甲醇无毒。( )

2. 和田玉产于新疆和田。( )

 能力训练

案例分析:

小林将带领一批团队游客前往广东地区,请你帮她准备一篇介绍广东地区风味特色和特产的导游词。

项目八
自然景观

🐼 **项目目标**

职业知识目标：

1. 了解中国主要自然旅游资源的基本特征、旅游价值及分布情况。

2. 掌握旅游资源的主要类别与代表性景区景点。

职业能力目标：

能够科学地解释自然旅游资源的形成与景观特色，能够解读人文旅游资源背后的文化内涵。

职业素养目标：

1. 能讲解中国不同类型的自然景观。

2. 运用所学知识，分析有关自然现象。

❋ 知识框架

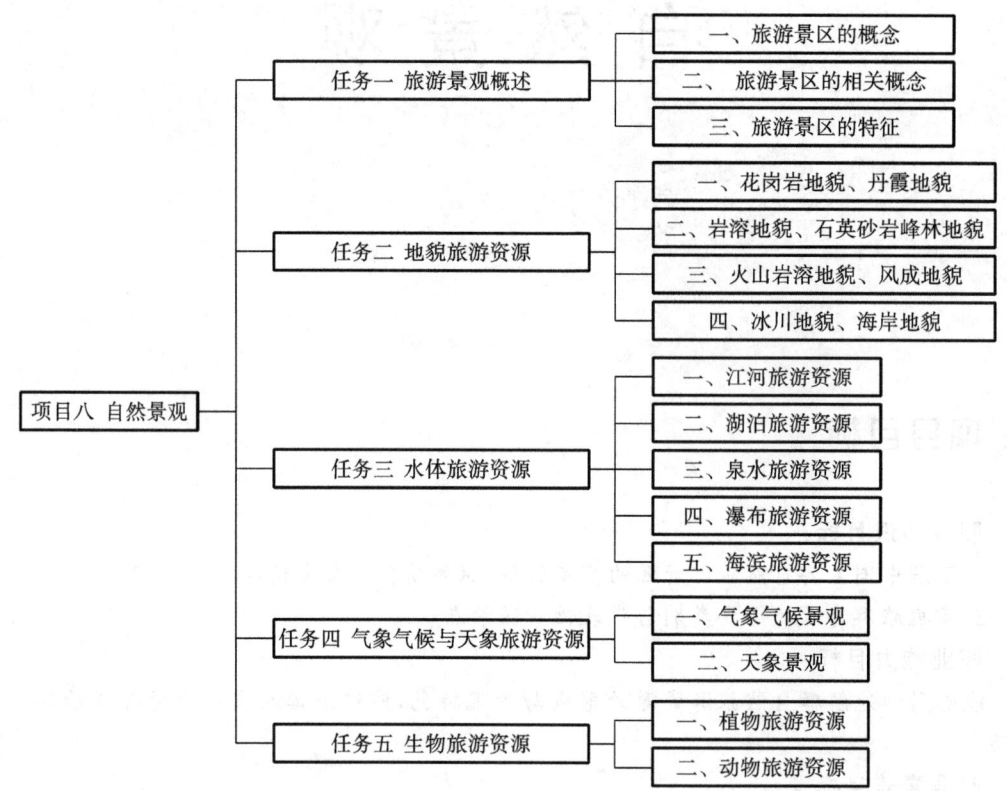

项目八 自然景观

- 任务一 旅游景观概述
  - 一、旅游景区的概念
  - 二、旅游景区的相关概念
  - 三、旅游景区的特征
- 任务二 地貌旅游资源
  - 一、花岗岩地貌、丹霞地貌
  - 二、岩溶地貌、石英砂岩峰林地貌
  - 三、火山岩溶地貌、风成地貌
  - 四、冰川地貌、海岸地貌
- 任务三 水体旅游资源
  - 一、江河旅游资源
  - 二、湖泊旅游资源
  - 三、泉水旅游资源
  - 四、瀑布旅游资源
  - 五、海滨旅游资源
- 任务四 气象气候与天象旅游资源
  - 一、气象气候景观
  - 二、天象景观
- 任务五 生物旅游资源
  - 一、植物旅游资源
  - 二、动物旅游资源

◢ 项目导入

　　自然旅游资源是自然地理环境各要素中，能使人们产生美感或兴趣，具有旅游功能的景象。自然旅游资源主要包括地貌旅游资源、水体旅游资源、气象气候与天象旅游资源、生物旅游资源。

　　中国地域辽阔，各种自然要素的分布与组合千差万别，造就了我国多彩的自然景观，自然旅游资源奇特丰富。

任务一 旅游景观概述

旅游景区是我国旅游业发展的重要载体。经营上的急功近利使旅游景区可持续发展受到严重威胁,景区城市化、商业化、人工化的日益明显给旅游景区的发展造成了潜伏危机。

旅游景区是旅游活动的核心和空间载体,是旅游系统中最重要的组成部分,也是激励旅游者出游的最主要目的和因素,是一个国家人文资源和自然资源的精华。旅游业和旅游服务都是依附于旅游景区的存在而存在的,旅游景区产品的开发和品牌推广也是以旅游景区的存在为前提和基础的。

理论知识

各个国家和地区为了迎合旅游需求,纷纷挖掘地区资源,建立起各式各样的旅游景区接待游客。从形式上看,似乎有景区、有游览、有门票的区域都堪称旅游景区。对于旅游景区这一概念,基本上可以分为广义和狭义两类:广义的旅游景区几乎等同于旅游目的地,而狭义的旅游景区则是一个吸引游客休闲和游览的实体。

旅游景区的建设与管理的目的是什么?旅游景区是以吸引游客为目的建设的场所,还是因为景物吸引了游客而被建设成为景区?旅游景区的管理是否只是为了游客?

一、旅游景区的概念

此处所探讨的"旅游景区"采用狭义上旅游景区的概念,是指具有美学、科学和历史价值的各类自然景观和人文景观的地域空间载体,它能够激发人们旅游的兴趣和需求,为人们提供参观、游览、度假、康乐、科研等产品服务,包括旅游景点、主题乐园、度假区、保护区、风景区、森林公园、动物园、植物园、博物馆、美术馆等。

具体而言,旅游景区应具备以下三个条件。

(一)具有旅游吸引力

任何一项旅游活动的进行都是建立在某种项目吸引力基础上的,景区中核心景物的吸引力是引发游客需求、激发旅游动机与促成游客进入景区的核心动力。这里的核心景物可以是一项人造设施,可以是一个自然风光、一个人文建筑,也可以是一个人或者是一个故事,或者是一组这样的核心景物的组合。

(二)具有旅游服务功能

旅游者在景区内的旅游活动大致有徒步、划船、乘坐景区内观光车进行观光游览,品尝风味小吃,体验节事文化,感受异样风情。景区内必然建立起辅助游客完成旅游活动的各种硬性的设施设备和软环境,例如交通工具、休息设施、解说系统、优良的卫生和安全环境。设施设备是否齐全、环境的优劣和服务水平的高低直接影响旅游者的旅游体验。

(三)有限的地域空间范围

从旅游景区的经营管理角度而言,旅游景区具有一定的规模和范围,这种范围的界限可以是一个自然实体,如山、江河等,也可以是一个人工的隔离物。从游客观光、欣赏的角度而言,旅游景区在明确的地理分界以外,还有一个缓冲地带,这个缓冲地带可以让游客在此感受景区的某种文化,游客甚至可以在某个位置看到景区内的部分景物。例如昆明的翠湖景区,游客完全能够在白石围城的景区周边看到红嘴鸥在湖水上嬉戏。

二、旅游景区的相关概念

(一)旅游景点和旅游景区

国内学者将 Visitors Attraction 理解为旅游景区或旅游景点,与多数学者将旅游景区和旅游景点视为一个概念的说法不同,有的学者将其做了详细的说明,认为空间范围大的旅游景点是旅游景区。从字面上看,景区和景点完全是一个面和点的关系,不能将其混为一谈。旅游景点应该是构成旅游景区的单位,旅游景区是由单个旅游景点或多个旅游景点构成的地域,例如,杭州西湖旅游景区就包含了三潭印月、苏堤春晓、花港观鱼等名胜景点。

(二)风景名胜区和旅游景区

国务院于 1985 年 6 月 7 日发布的《风景名胜区管理暂行条例》中将风景名胜区概括为"凡具有观赏、文化或科学价值,自然景物、人文景物比较集中,环境优美,具有一定规模和范围,可供人们游览、休息或进行科学、文化活动的地区。"风景名胜区的概念多见于环境资源、城市规划、园林建设、旅游地理等书籍中。纵观众家观点,风景名胜区就是资源价值重大,环境优美,能够供人游览、观赏、休息和进行科学文化活动的区域。

由此可见,资源价值重大的旅游景区就堪称风景名胜区,例如杭州西湖是一个 5A 级的旅游景区,也是一个国家重点风景名胜区(在 1982 年评定)。

1. 以自然风光为主的风景名胜区
(1)山地型风景名胜区。
(2)特殊地质地貌型风景名胜区:五大连池、川西黄龙寺、贵州织金洞(洞穴型)。

（3）陆地水体型风景名胜区：九寨沟、太湖。

（4）陆地生态型风景名胜区：西双版纳。

（5）海滨海岛型风景名胜区：三亚、秦皇岛北戴河、福建海坛。

2. 以名胜古迹为主的风景名胜区

（1）承德避暑山庄和外八庙（古建筑）、韶山（名人故居）、洛阳龙门山（摩崖）自然风光。

（2）名胜古迹兼备的风景名胜区（复合型）：岳阳楼洞庭湖、江苏蜀冈瘦西湖。

共同之处：首先，两者都具有游览、观赏的作用；其次，两者都强调应由自然或人文景物组成。

不同之处：前者是以"风景"和"名胜"为主的自然和人文景物，忽略甚至不包含一些主题公园、博物馆等，也不包含相应的旅游基础设施和服务设施；而后者范围较广，几乎将所有可以为旅游业所利用的资源都作为旅游区，而且强调了这些区域能提供相应的旅游服务设施。从这个角度来说，风景名胜区应是旅游区的组成部分。

（三）旅游目的地和旅游景区

旅游目的地是一个从旅游者角度而言的地方，是一个与旅游客源地相对应的名词，含义很宽泛。它可以是指某个特定功能的旅游胜地，例如西湖，也可以是某个可以进行旅游活动的县市，例如西湖所在的杭州市，甚至可以泛指整个国家。由此可见，旅游景区的地理区位在旅游目的地的范围内。

三、旅游景区的特征

（一）空间的地域性

空间的地域性是指任何形式的旅游景区必然受到当地的自然、社会、文化、历史、环境的影响和制约。空间的地域性表现在旅游景区的差异上，一种景观，一种戏曲，一种饮食，一种宗教，一个民族都体现了地域的差异，这种差异形成了不同地域的特色。

认识和理解地域性有助于在旅游景区品牌的定位中明确方向和目标。确定地方风格之后，可以从三个方面对本地的特征着手研究和分析。首先，是对自然地理特征的研究。一个地方是否在地理特性方面具有与其他地区截然不同的特征，或者占有特殊地位，这些都有可能被强化为地方性，成为吸引旅游者的因素。其次，是对历史文化特征的研究。对地方的历史过程进行观察分析，寻找具有一定知名度和影响力的历史遗迹、历史人物、历史事件和古代文化背景，作为地方性的构成要素。最后，是对现代民族民俗文化的研究。在历史记载和考古发现尚未充分的地区，同样可以通过对当地现代民族文化和民俗文化的考察分析，提炼出有地方特色的景观特性。特别是在一些少数民族集中地区，民族文化往往构成具有旅游号召力的精彩内容，为旅游景区品牌形象的设计和旅游目的地的营销，打下坚实的基础。

（二）资源的可创性

旅游景区的可创性是指旅游景区并不是一成不变的、呆板的，一些旅游景区是可以根据人们的意愿和自然的规律进行创造、制作而再生、再现的。可创造性是旅游景区的重要特征。比如苏州的园林，就是历代达官贵人、豪商富户和文人所建，是我国私家园林的典型代表，虽然这些私家园林规模较小，但园中奇石秀水、亭台楼阁、珍树奇花，无不典雅秀美，且能以小见大，仿效自然，显"移天缩地"之功。

旅游景区可创造性给我们以启示：其一，随着时间的推移，人们的兴趣、需要以及时尚也随之在发生变化，这使得旅游产品的创新成为必要和可能，如某一旅游景区的内容、形式的不断变化和创新可以形成新的旅游吸引力，从而使旅游景区得以持续发展；其二，在传统旅游资源贫乏的地区，为了发展旅游业，也可以根据当地的经济实力人为创造一些旅游资源。从深圳市旅游发展历史考察来看，其旅游景区主要是在 20 世纪 80 年代作为经济特区以后得以开发和创建的，由于旅游资源和产品创新及时，风格独特，深圳成为我国华南地区重要的旅游城市。

（三）功能的整体性

旅游景区功能的整体性是建立在旅游资源整体性基础上的。旅游资源功能的整体性就是指一种旅游资源与另一种旅游资源之间，旅游资源与社会自然环境之间，都存在着内在的深刻联系。它们相互依存，相互作用，互为条件，彼此影响，构成了一个有机整体。由于旅游资源是整体的，决定了旅游景区功能的整体性。从自然景区角度看，西北地区的黄土高坡、荒漠地形和气候，形成了独特的动植物水象景观；而南方众多的瀑布、河流和葱郁的森林植被、种类繁多的珍稀动物及适宜的气候共存于一体。从人文景区角度看，正是非洲的热带环境培育了热烈奔放的民族气质，形成了雄壮豪迈的自然、人文景观；东亚的温带环境，滋养了刚柔相济的民族风韵，形成壮秀互渗的自然、人文景观。可见这种自然和人类活动的交融影响和渗透，构成了旅游景区在更大范围内统一性、整体性的特点。

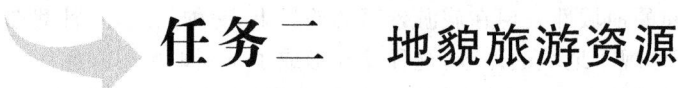

任务二　地貌旅游资源

任务引入

地貌旅游资源是自然旅游资源的重要组成部分。我国是个多山的国家，广义的山地面积占国土总面积的 2/3 以上，地貌类型多种多样，不仅有山地、平原、丘陵、盆地、高原等常见地貌类型，还有在特殊条件下形成的花岗岩地貌、丹霞地貌、岩溶地貌、火山熔岩地貌、风成地貌、冰川地貌、海岸地貌等特殊地貌类型。它们以各自独特的形态特征及其与气象、水体、植被等自然要素的有机结合，构成了一幅幅美妙的大自然风景画，在旅游中发挥着不同的作用。

理论知识

了解各地貌类型及其形态特征。

一、花岗岩地貌、丹霞地貌

（一）花岗岩地貌

花岗岩是岩浆侵入地壳逐渐冷凝而形成的，经过构造运动，风化后出露，往往形成高大山体的核心。花岗岩岩性坚硬，但垂直节理特别发育，在长期内外营力作用下，形成多种多样的奇峰、奇石、台地、石丘等花岗岩地貌景观。花岗岩还易发生球状风化，形成巨大的"石蛋"造型，或浑圆多姿的巨石兀立形态。

我国花岗岩地貌分布广泛，以黄山、华山、泰山最为著名，形成"黄山天下奇、华山天下险、泰山天下雄"的自然风景名胜；另外，厦门鼓浪屿—万石山、浙江普陀山、海南天涯海角均属于花岗岩地貌。

（二）丹霞地貌

丹霞地貌属于红层地貌，是发育于侏罗纪至第三纪的水平或缓倾斜的厚层红色砂砾岩，沿岩层的垂直节理由水流侵蚀及风化剥落和崩塌后退，形成顶平、身陡、麓缓的方山、石墙、石峰、石柱等奇险的丹崖赤壁地貌。这种地貌的形态有类似岩溶地貌之处，所以曾被人们称为"假岩溶"。但是，丹霞地貌与岩溶地貌的根本区别在于岩性的不同和其侵蚀方式以物理过程为主。丹霞地貌的分布以南方为主，北方次之，主要集中在广东、福建、江西、广西北部、湘南等地，尤其是以南岭山地和武夷山地最为集中，其杰出代表为广东丹霞山、福建武夷山。此外，江西龙虎山、安徽齐云山等也是具有丹霞地貌的名山。

二、岩溶地貌、石英砂岩峰林地貌

（一）岩溶地貌

岩溶地貌是地表石灰岩等碳酸盐类岩石受水和二氧化碳的溶解作用与伴随的机械作用共同形成的各种地貌形态，如石芽、峰丛、峰林、溶斗、落水洞、暗河、溶洞、溶蚀洼地等。国际上将这种地貌称为"喀斯特"地貌。

中国是世界上岩溶发育较完全、分布较广的国家之一。碳酸盐类岩石分布面积约 130 万平方千米，占全国总面积的近 1/7，以西南的广西、贵州、云南东部地区和四川分布较为集中。此外，湖北和湖南两省西部、重庆市、山东、山西等地区也有分布。风景如画的桂林山水、九寨沟、黄龙就是这种地貌的典型代表。20世纪80年代以来,在全国广大石灰岩分布地区又陆续发现一批大型溶洞。著名的岩溶溶洞地貌景观有广东的凌霄岩、古佛岩、宝晶宫,浙江的瑶琳洞、灵栖洞,江苏的善卷洞、灵谷洞,江西的龙宫洞、玉壶洞,贵州的织金洞、安顺龙宫,辽宁的本溪水洞,安徽的太极洞,湖北的腾龙洞,北京的石花洞等。

(二)石英砂岩峰林地貌

石英砂岩峰林地貌是在夹有薄层砂质页岩的石英砂岩地层中,由于地壳稳定上升,岩石垂直节理发育,经长期风化和重力作用而发生断裂和崩塌,同时充沛的地表流水又对其进行强烈的侵蚀,而形成的密度和规模很大、千姿百态的砂岩石峰。著名的石英砂岩峰林地貌景观有湖南武陵源等。

三、火山熔岩地貌、风成地貌

(一)火山熔岩地貌

火山熔岩地貌是因火山活动而形成,由火山喷发的熔岩流冷却凝结,形成的奇异地貌,包括火山锥、熔岩台地等。我国的火山活动遗迹主要分布在黑龙江、吉林、山西、云南和台湾等地。黑龙江省的五大连池有我国最典型的火山熔岩景观,有"火山地貌博物馆"之称。此外,黑龙江省宁安市的镜泊湖、吉林长白山天池及周围地区、台湾大屯、山西大同和云南腾冲,都分布着一些火山活动遗迹,形成风格独特的风景区。

(二)风成地貌

我国西北内陆地区,气候干旱少雨,风速很大,风便成了塑造地貌形态的主要动力。这里分布着大面积沙漠、戈壁,同时也分布着由风力侵蚀作用形成的雅丹地貌,以新疆乌尔禾较为典型。

📖 我的资料夹

雅 丹 地 貌

雅丹地貌是指巨厚的河湖相沉积层上发育的陡峭的小丘、风蚀蘑菇、风蚀柱与风蚀沟槽、洼地相间分布的地貌组合。远看这种地貌,很像城市的街道与建筑,然而人迹罕至,故俗称魔鬼城。

四、冰川地貌、海岸地貌

(一)冰川地貌

冰川地貌主要是指由冰川运动中的侵蚀和堆积作用,以及冰川融化过程中所造成的冰体地貌景观。我国西部的高山高原地区分布着广泛的冰川地貌。我国已开发的冰川旅游风景区有四川贡嘎山的海螺沟，新疆阿尔泰山的喀纳斯冰川、天山的托木尔峰，云南的玉龙雪山等。

（二）海岸地貌

海岸地带受风浪、沿岸海水流动、潮汐和生物、气候、入海河流等因素的作用，在地壳构造运动及岩性的共同影响下形成的地貌，称为海岸地貌，可分为海岸堆积地貌和海岸侵蚀地貌。

海岸堆积地貌又包括沙质海岸地貌、淤泥质海岸地貌和生物海岸地貌等。其中沙质海岸地貌最适合开发海滨浴场，如北戴河海滨是典型的沙质海岸地貌类型，同时又是著名的旅游胜地；生物海岸地貌可分为红树林海岸和珊瑚海岸，其中珊瑚海岸往往成为价值很高的潜水旅游胜地，如我国的东沙群岛、西沙群岛和南沙群岛是典型的珊瑚海岸风光。海岸侵蚀地貌包括海蚀洞、海蚀崖、海蚀蘑菇等，如我国台湾地区的野柳属于海岸侵蚀地貌类型。

任务三　水体旅游资源

任务引入

水是旅游资源构景的基本要素，古人云："山无云则不秀，无水则不媚。景因山而峻，因水而秀。"这充分体现了水在风景构成中的重要作用。大自然中的江、河、湖、海、流泉，以它们独有的风姿及其与山岳、生物、气候、名胜古迹的巧妙融合，构成了许多绚丽多彩的旅游胜景。我国海疆辽阔，河网如织，湖泊棋布，瀑布飞泻……蕴藏着丰富的水体旅游资源。

理论知识

了解江河、湖泊、泉水、瀑布、海滨旅游资源的概况。

一、江河旅游资源

江河，自古被人们看成是生命的源泉，它为人类的生存和社会文明的发展立下了不朽的功勋。它奔流的壮景，历来为人们欣赏，沿岸秀丽的风光以及优美的传说，更是令人神往。

我国是一个多河川的大国。流域面积 1000 千米以上的河流就有 1580 多条，大小河流总长度超过 42 万千米，通航里程长达 10 万余千米。长江、黄河、黑龙江、珠江、淮河等都是我国有代表性的河流。

（一）长江

长江发源于青藏高原唐古拉山主峰——格拉丹东雪峰，流经青海、西藏、四川、云南、重庆、湖北、湖南、江西、安徽、江苏、上海 11 省、自治区、直辖市，注入东海，全长 6300 多千米。长江干流在湖北宜昌以上为上游，宜昌到江西湖口之间为中游，湖口以下为下游。

长江上游，河水从源头顺高原而下，经过横断山区冲向川、鄂平原地带。这一段河道落差大，水流急，有许多高山耸峙的峡谷地段，如虎跳峡、三峡等名胜古迹。长江无论从长度、流域面积，还是从入海流量、水力资源、通航里程等方面都居我国首位。整个流域有 4 亿多人口，有 27 万平方千米耕地，物产丰富，大城市集中，是我国经济较发达地区之一。长江两岸自然风光绚丽多姿，名胜古迹众多，是一条旅游的黄金水道。

（二）黄河

黄河发源于青藏高原巴颜喀拉山北麓的卡日曲，经青海、四川、甘肃、宁夏、内蒙古、山西、陕西、河南、山东 9 个地区，注入渤海，全长 5464 千米，是我国的第二大河。黄河干流在内蒙古河口镇以上为上游，河口镇到河南孟津之间为中游，孟津以下为下游。

黄河流域被誉为中华民族的摇篮，也是世界文明的发祥地之一。千百年来，这里一直是中华民族的政治、经济、文化中心之一。西安、咸阳、洛阳、开封等都曾是盛极一时的历史文化名城。已发掘出的秦始皇陵兵马俑、半坡遗址等大量古文化、古人类遗址，都是中华民族悠久历史的见证。此外，高原风光、黄土地貌、壶口瀑布、三门峡及小浪底水利枢纽工程等的壮观景色每年都吸引着大批旅游者。

二、湖泊旅游资源

湖泊水天一色，视野开阔，妩媚诱人，令人心旷神怡。湖泊通过其形、影、声、色、奇变化的多样性展示着特有的美感，吸引游人前往观赏，同时湖泊还可以开展垂钓、扬帆、游泳、品尝水鲜等多种水上活动。我国可作为旅游资源开发的湖泊数量可观，类型丰富，各具特色。

我国著名的湖泊旅游景观有杭州西湖、鄱阳湖、洞庭湖、太湖、青海湖、镜泊湖、大理洱海、新疆喀纳斯湖、广东肇庆星湖等。

三、泉水旅游资源

泉水不仅为人类提供了理想的水源，也形成了许多观赏景观。泉水的旅游价值体现在可观赏、医疗保健、品茗酿酒等几个方面。如云南大理蝴蝶泉、西安华清池温泉、鞍山汤岗子温泉、黑龙江五大连池矿泉等。著名的历史名泉有济南趵突泉、无锡惠山泉、杭州虎跑泉、苏州观音泉和镇江中泠泉等。济南有泉城之称,福州有温泉城之称。

四、瀑布旅游资源

瀑布通常由三个要素构成,即水流、陡坎和深潭。我国著名的三大瀑布为贵州黄果树瀑布、黄河壶口瀑布、吊水楼瀑布。另外还有四川九寨沟瀑布群、广西德天瀑布等。

五、海滨旅游资源

我国海岸线总长为3.2万千米,其中大陆海岸线北起中朝边境的鸭绿江口,南到中越边境的北仑河口,全长1.8万千米;岛屿海岸线1.4万千米。海滨处于海陆之间,属于陆地的延伸部分。蓝天、阳光、海水、沙滩(4S,即Sky、Sun、Sea、Sand)被称为最具吸引力的海滨旅游资源。我国各地的海滨充满了特有的风韵。著名的海滨旅游景区有大连旅顺口海滨、北戴河海滨、青岛海滨、厦门海滨、三亚海滨和台湾垦丁海滨等。

任务四　气象气候与天象旅游资源

任务引入

地球圈气象与气候的变化对大气景观的形成起着重要的作用。变化多样的气象气候导致了大气旅游资源的灵活多变,从而形成了丰富多彩的大气景观。大气旅游资源不仅包括很多常见的自然景观,还包括在特殊的条件下形成的罕见自然奇观。

理论知识

了解气象气候景观及天象景观概况。

一、气象气候景观

（一）云、雾、雨

云、雾、雨是温暖湿润地区出现的景观,薄云、淡雾、细雨笼罩在山间或平原,产生一种朦胧美。流云的变幻莫测,产生一种气势磅礴之美。我国的风景名山都有云海景观,较著名的是黄山云海,其次为衡山云海、庐山云海等。

我国著名的云雾景观还有西湖十景之"双峰插云"、峨眉山十景之"罗峰晴云"、蓬莱十景之"狮洞烟云"、太白山八景之"平安云海"、庐山的瀑布云、大理苍山的玉带云和望夫云等。

（二）冰雪

冰雪是纬度较高地区的寒冷季节或海拔较高的高山地区才能见到的气象景观。我国江南在冬季寒潮来临之际才可能降雪,断桥残雪是西湖胜景之一,降雪往往使大自然形成银装素裹的冰雪世界。如果配以高山、森林等自然景观,可构成奇异的冰雪风光,如东北"林海雪原"、关中"太白积雪"、长沙"江天暮雪"等。冰雪运动有"白色旅游"之称。素有"冰城"之称的哈尔滨,每年冰雪节都举行大型冰雕、冰灯、雪雕的展出活动。

（三）雾凇、雨凇

雾凇俗称树挂,是雾气在低于 0 ℃时,附着在物体上而直接凝华生成的白色絮状凝结物。它集聚包裹在附着物外围,漫挂于树枝、树丛等景物上。我国雾凇出现最多的是吉林省吉林市。

雨凇是在低温条件下,小雨滴附着于景物之上冻结的半透明、透明的冰层与冰块。雨凇的产生,必须是低层空气有逆温现象,小水滴从上层气温高于 0 ℃的空气中,下降至下层气温低于 0 ℃的空气中,处于过冷却状态,过冷却水滴附着在寒冷的物体表面,立即冻结成雨凇。我国峨眉山雨凇最多,庐山雨凇被誉为"玻璃世界"。

（四）佛光

佛光是光线衍射和漫反射作用中产生的一种特殊自然景观。佛光一般出现于中低纬度地区及高山茫茫云海之中,人站在山上,若光线从背后射来,当太阳、人与云幕在一条直线上,会在前面云幕上出现人影或头影,其外围绕彩色光环,似佛像头上的光圈,故称佛光。峨眉山佛光出现次数最多,因峨眉山多云雾,且湿度大、风速小,故峨眉山佛光最精彩,有"峨眉宝光""金顶祥光"之誉。著名佛光景观地还有庐山、泰山、黄山、五台山等。

（五）蜃景

蜃景成因是由于气温在垂直或水平方向剧烈变化,使空气密度在垂直或水平向上出现显著差异,从而产生光线折射和全反射现象,导致远处景物在眼前呈现出奇幻景观,一般出现在海滨与沙漠地区。在山东蓬莱蜃景出现次数较多。

二、天象景观

在某些特殊的条件下,可以看到一些奇特的自然景观,如日月食、日月并升、极昼极夜、陨石、流星雨等。这些现象的产生,并不是由于地球本身及其所包含的大气圈、水圈、生物圈、岩石圈相互作用的结果,而是由于地球作为太阳系的一个星球,在太阳系内与太阳、月球等天体做相对运动而产生的现象,并且还有一定的规律性,人们借助科学的手段可以预测得到。

(一)日出、日落

日出与日落绚丽壮观,这种景观只有在天地交界的地平线处才能看到,因此,海滨或山顶是最理想的观看地。朝霞与晚霞和日出与日落交相辉映时,常常构成一幅幅更加绚丽、壮美的画卷。著名的观景点有泰山的日观峰、华山的东峰、庐山的汉阳峰、峨眉山的金顶和北戴河的鹰角亭等。

(二)极光

极光是高纬度地区高空出现的一种发光现象。它是太阳发出的高速带电微粒子流,发射到地球磁场势力范围时,受地球磁场影响,从高纬度进入地球高空稀薄大气层时,使高层空气分子或原子被激发而造成的发光现象,多呈带状、弧形等。在我国黑龙江漠河和新疆阿尔泰都有极光出现。

(三)日食、月食

日食和月食,都是一种罕见的天象奇观,引起了人们普遍的关注。日食是月球遮掩太阳的一种天象。只有朔日,地球才可能位于月球的背日方向,因而日食只发生于朔日。2009年7月22日发生在我国长江流域的日全食吸引了成千上万的天文爱好者及游客。月食是地球遮掩太阳后,月球因没有可被反射的阳光,而失去光明的一种天象。只有望日,月球才可能位于地球的背日方向。

📖 我的资料夹

肉眼观看日食的安全方法

(1)找一块玻璃,涂上一些墨或用烟熏黑,透过其观看日食,颜色层要涂熏均匀,用它们来观测日食,太阳呈古铜色,以保证眼睛不会被阳光刺伤。

(2)用黑白胶片作为滤光片进行观测。将胶片拉出在阳光下曝晒约30秒(人工曝光)。将多块底片叠在一起(根据太阳光的强弱增减底片的张数),透过其观测太阳。

(3)用特制的塑胶薄膜做成的太阳屏滤光片可以降低阳光里的可见光,还能阻挡阳光里的红外线和紫外线的通过,这是非常安全的观测方法。注意:太阳屏滤光片是一种非常薄的胶膜,极易受损破裂。

（4）可以通过电脑磁盘芯、电焊玻璃片等物品减光观测太阳。这样既可以达到观测的效果，眼睛也受到了保护。

另外，直接将不加遮挡的望远镜对准太阳是不允许的，否则会烧坏眼睛致盲。必须在望远镜上加上滤光片才能直接观测。摄影者也不可以用没有采取滤镜保护措施的相机直接拍摄太阳。

任务五　生物旅游资源

任务引入

生物是自然界中最活跃、最有生机的因素，它们是生态环境的主体，也是自然景观的重要组成部分，它对净化、美化自然环境，提高旅游地的观赏价值有着特殊意义。

理论知识

了解植物、动物旅游资源概况。

一、植物旅游资源

在生物界中，以植物群落构成风貌最为突出。植被是自然环境特征的重要标志，是构成一个地区的主体风光。当旅游者形成"山清水秀""热带雨林""温带草原景色"等概念时，其中植物起着至关重要的作用。

（一）古树名木

古树名木通常是指树龄较大、知名度高、属珍稀树种、与知名人物或事件有关的树木。

我国具有特殊观赏价值和历史价值的古树名木繁多，最为著名的有相传为黄帝亲手种植的"轩辕柏"，台湾"阿里山神木"红桧，被称为中国国宝的黄山"迎客松"，我国最大的名贵古树园曲阜孔林。我国还保留了一批古老、珍稀的树种，如水杉、银杏、银杉、珙桐等，被称为"化石植物"。

（二）草原

我国的天然草原有众多的类型,不同地域的草原呈现出不同的自然风光。我国草原主要分布于西部半干旱地区及高寒地区,主要包括内蒙古草原、青海草原、西藏草原和天山草原四大草原。内蒙古草原属典型的温带草原,干湿季荣枯变化大。青藏地区两大草原均属高寒草原,草类矮小,但面积辽阔,有雪山、湖泊映衬,风光旖旎。天山草原分布在天山南北坡森林带上下,上为高寒草原,下为温带草原,大斜坡上的高山草原别有一番令人陶醉的风光。

（三）花卉

花卉有各式各样的形状和大小,而在色彩上更是千变万化、层出不穷。单朵的花又常排聚成大小不同、式样各异的花序。这些复杂的变化,形成了不同的观赏效果。

我的资料夹

市　　花

市花是一个城市的代表花卉,通常为该城市常见的品种。市花是城市形象的重要标志,也是现代城市的一张名片。国内外已有相当多的大中城市拥有了自己的市花。市花的确定,不仅能代表一个城市独具特色的人文景观、文化底蕴、精神风貌,体现人与自然的和谐统一,而且对带动城市相关绿色产业的发展,优化城市生态环境,提高城市品位和知名度,增强城市综合竞争力,具有重要意义。

（四）植物园

植物园是以植物科学研究为主,以引种驯化、栽培实验为中心,培育和引进国内外优良品种,不断发掘扩大野生植物资源在农业、园艺、林业、医药、环保、园林等方面应用的综合研究机构和展览性公共绿地。

（五）森林公园

森林因其天然古朴的自然风貌深为旅游者所青睐,中国的森林公园分为国家森林公园,省级森林公园和市、县级森林公园三级。张家界有我国第一个国家级森林公园——张家界国家森林公园。

二、动物旅游资源

动物资源是自然界的宝贵财富,也是供人们娱乐、观赏、垂钓的重要旅游资源。

（一）陆地动物

陆地动物是指那些主要生活在陆地上的爬行动物、哺乳动物等。我国的陆地动物中具有不少珍稀动物,如中国国宝大熊猫、中国独有的金丝猴和华南虎,以及"世界屋脊"的白唇鹿、藏羚羊等。

(二)水生动物

水生动物主要包括以水环境为主要生活场所或生活在近水区域的动物,包括鱼类、爬行类、哺乳类动物等。其中,中华鲟、扬子鳄、大鲵、白鳍豚等为我国的珍奇保护动物。

(三)鸟类动物

大部分鸟类会随气温的变化而进行大规模的迁徙活动,由此形成了不少的观鸟胜地。著名的观鸟胜地有黑龙江扎龙国家级自然保护区、青海湖鸟岛、江西鄱阳湖等。

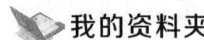 **我的资料夹**

鸟 道 雄 关

在云南省巍山彝族回族自治县有一处被称为"鸟道雄关"的鸟类迁徙必经之地——隆庆关垭口,是千百年来候鸟聚集迁徙的通道之一。刻有"鸟道雄关"四个大字的明代石匾竖立在垭口一侧,每到仲秋季节,迁徙候鸟从高纬度地区向低纬度地区飞来,成千上万只鸟结队而行,它们白天以太阳为航标,夜晚凭星月做指引,按既定的路线飞往缅甸等东南亚地区,隆庆关附近的山林就成了候鸟停息、补充食物的中转驿站。

(四)昆虫

昆虫是当今地球上种类和个体数量最多的动物类群,至今被正式命名和描述过的150多万种生物物种中,昆虫就有90多万种。昆虫分布范围极其广泛,无论是高山、平原、沙漠,还是湖泊、海洋,处处都有它们活跃的身影。利用昆虫资源开发旅游景点,对丰富旅游内容、拓宽旅游者的知识视野、发展旅游业都有着极其重要的意义。

(五)动物园、动物放养观赏区

动物园是指集中饲养、展览和研究种类较多的野生动物及附有少数优良品种家禽家畜,进行科普教育与科学研究的场所。我国现有城市动物园220余所,以北京、上海、广州三大动物园规模最大、驯养的动物最多。另有几十所野生动物园,如深圳野生动物园、杭州野生动物园等,还有一些专门性的动物放养观赏区,如大连蛇岛、武夷山蛇园、海南南湾猴岛等。

实践操作

开展"话说家乡自然风光"的模拟导游讲解活动

◎ **活动目的**

能将书本上学习的知识运用到实践活动中,提高导游讲解技能,充实讲解内涵。

活动要求

以小组为单位,通过实地考察,撰写出一篇介绍家乡的导游词。

活动步骤

确定景点和线路,收集相关资料,小组共同完成一篇导游词。

活动评价

小组评价、自我评价、教师评价。

拓展提升

收集家乡旅游资源相关资料,制作宣传小卡片。

项目小结

通过本项目的学习,了解中国的自然景观及自然景观的分类,掌握不同自然景观的典型代表。

项目训练

一、单选题

1. 峨眉山金顶日出属于( )。

A. 气候气象旅游资源　　　　　　　B. 山地旅游资源

C. 水体旅游资源　　　　　　　　　D. 生物旅游资源

2. 有"清凉山""华北屋脊"之称的是( )。

A. 恒山　　　　B. 太行山　　　　C. 燕山　　　　D. 五台山

3. 下述旅游景点中有"火山地貌博物馆"之美誉的是( )。

A. 镜泊湖　　　B. 雁荡山　　　　C. 玉山　　　　D. 五大连池

二、多选题

1. 中国特有的珍稀树种有( )。

A. 水杉　　　B. 银杏　　　C. 珙桐　　　D. 桫椤　　　E. 榕树

2. 我国的五岳指的是( )。

A. 泰山　　　B. 华山　　　C. 峨眉山　　　D. 青城山　　　E. 衡山

三、判断题

1. 峨眉山是佛光出现最多的旅游景区。（　　）
2. 极光是高纬度地区出现的一种发光现象。（　　）
3. 华山、泰山、黄山、丹霞山均属于花岗岩地貌。（　　）
4. 湖南武陵源是典型的石英砂岩地貌。（　　）

能力训练

自己的家乡有哪些自然景观？选择一个景点撰写一篇导游词。

参 考 文 献

［1］ 全国导游人员资格考试应试指导教材编委组.地方导游基础知识［M］.北京:人民日报出版社,2019.

［2］ 沈民权.导游基础知识［M］.北京:高等教育出版社,2015.

［3］ 林汉达,曹余章.上下五千年［M］.北京:少年儿童出版社,1991.

［4］ 何跃青.你最该知道的中国之名城名镇名村［M］.北京:地震出版社,2006.

［5］ 《小长假大旅行》编辑部.中国古村游:细说108个中国历史文化名村［M］.2版.北京:中国铁道出版社,2011.

［6］ 《图行世界》编辑部.中国最美100个古镇古村［M］.北京:中国旅游出版社,2011.

［7］ 魏嘉瓒.苏州古典园林史［M］.上海:上海三联书店,2005.

［8］ 王毅.中国园林文化史［M］.上海:上海人民出版社,2004.

［9］ 童一秋.建筑园林［M］.沈阳:辽海出版社,2013.

教学支持说明

中等职业教育旅游类示范院校"十四五"规划教材系华中科技大学出版社重点规划教材。

为了改善教学效果,提高教材的使用效率,满足授课教师的教学需求,本套教材备有与教材配套的教学课件(PPT 电子教案)和拓展资源(案例库、习题库等)。

为保证本教学课件及相关教学资料仅为教材使用者所得,我们将向使用本套教材的授课教师和学生免费赠送教学课件或者相关教学资料,烦请授课教师和学生通过电话、邮件或者加入旅游专家俱乐部 QQ 群等方式与我们联系,获取"教学课件资源申请表"电子文档,并准确填写后发给我们,我们的联系方式如下:

地址:湖北省武汉市东湖新技术开发区华工科技园华工园六路

邮编:430223

电话:027-81321911

E-mail:lyzjjlb@163.com

旅游专家俱乐部 QQ 群号:1005665955

华中科技大学出版社
http://www.hustp.com

教学课件资源申请表

填表时间：＿＿＿＿年＿＿月＿＿日

以下内容请按实际情况写，以详尽、字迹清晰为盼，☆为必填项，如方便请惠赐名片！

☆教师姓名		☆性别	□男□女	出生年月		☆职务			
						☆职称	□教授	□副教授	
							□讲师	□助教	
☆学校				☆院/系					
☆教研室				☆专业					
☆办公电话		家庭电话			☆移动电话				
☆E-mail（请清晰填写）					QQ				
☆联系地址					邮编				

☆现在主授课程情况		学生人数	教材所属出版社	教材满意度		
课程一				□满意	□一般	□不满意
课程二				□满意	□一般	□不满意
课程三				□满意	□一般	□不满意
其他				□满意	□一般	□不满意

教材或学术著作出版信息

方向一		□准备写	□写作中	□已成稿	□已出版待修订	□有讲义
方向二		□准备写	□写作中	□已成稿	□已出版待修订	□有讲义
方向三		□准备写	□写作中	□已成稿	□已出版待修订	□有讲义

请教师认真填写表格下列内容，提供索取课件配套教材的相关信息，我社根据每位教师填表信息的完整性、授课情况与索取课件的相关性，以及教材使用的情况赠送教材的配套课件及相关教学资源。

ISBN（书号）	书名	作者	索取课件简要说明	学生人数（如选作教材）
7-5609-（　　　）			□教学　□参考	
7-5609-（　　　）			□教学　□参考	

您对配套课件的纸质教材的意见和建议：